I CAPITELLI

GIUSEPPE DI TARANTO

L'Europa tradita

Lezioni dalla moneta unica

LUISS
University
Press

UPI
UNIVERSITY PRESS ITALIANE

Opera sottoposta a peer review
secondo il protocollo UPI
Peer reviewed work in
compliance with UPI protocol

Prima edizione: aprile 2014
Seconda edizione rivista e aggiornata: aprile 2017
Prima ristampa: febbraio 2018
Seconda ristampa: gennaio 2019
Terza ristampa: gennaio 2020
ISBN 978-88-6105-093-8

Luiss University Press – LuissX srl
Viale Romania 32
00197 Roma
Tel. 06 85225481 – 5431
E-mail universitypress@luiss.it
www.luissuniversitypress.it

Progetto grafico HaunagDesign
Editing e impaginazione Spell 2.0

Questo libro è stato composto in ITC Charter e stampato su carta acid free
presso Geca Industrie Grafiche, via Monferrato 54,
20098 San Giuliano Milanese (Milano)

Ad Antonella, Paolo ed Enrico

Indice

Prefazione .... p. 9

1. Esiste una teoria economica dell'Unione monetaria europea? .... " 13

2. Lezioni dall'euro .... " 31

3. Il fattore P .... " 61

Conclusioni e proposte .... " 71

Bibliografia .... " 85

Prefazione

L'euro è una gabbia d'acciaio dalla quale è impossibile uscire fino a quando le istituzioni europee, prime fra tutte la Banca centrale europea, non troveranno soluzioni adeguate per tutelare dalla speculazione i paesi che se ne vogliano liberare. È difficile, però, che questo accada, perché i Trattati europei permettono alle nazioni del Nord di drenare risorse da quelle del Sud, in assenza di idonee politiche di compensazione e di redistribuzione dei surplus accumulati, e perché non vengono applicate le sanzioni previste, nonostante esistano le regole. Perciò, nel 2014 osservavo che abbandonare l'euro è un errore, ma lo è anche essere vincolati a parametri errati e, talvolta, perfino inventati.

Il distacco dalla moneta unica non era stato previsto dal Trattato di Maastricht ma solo, ben 15 anni più tardi, dal Trattato di Lisbona sottoscritto nel 2007. L'articolo 50, infatti, sancisce che si possa lasciare l'Unione monetaria europea dopo essere usciti dall'Unione europea, nonostante che paesi quali Svezia, Danimarca o Gran Bretagna ne facciano parte, o ne abbiano fatto parte come quest'ultima, a pieno titolo senza condividere l'euro.

Già nel 1997, il premio Nobel dell'economia e padre del neo-monetarismo, Milton Friedman, scriveva che se l'euro fosse stato applicato nei termini e nelle modalità previste, come poi lo è stato, se ne sarebbero avvantaggiati soprattutto Germania, Paesi Bassi e Austria. E l'anno successivo, un Manifesto sottoscritto da altri premi Nobel, ma della scuola teorica opposta, la neo-keynesiana, denunciava gli errori dello statuto della Bce, che nasceva all'epoca, il cui obiettivo era il solo controllo del livello d'inflazione e non anche la crescita e l'occupazione, come prevedeva quello della Fed. In altre parole, la difesa delle politiche di austerità invece che della crescita.

Quanto sia difficile, se non impossibile, abbandonare la moneta unica lo dimostrano gli esempi opposti, ma speculari, di Grexit e di Brexit.

La Grecia, dove ormai si registra il 30% dei nati a rischio di totale esclusione sociale e la violazione di non pochi diritti umani, non è potuta uscire dalla gabbia dell'euro. La Gran Bretagna, che non ha mai accettato la moneta unica, al pari del Trattato di Schengen e dell'introduzione sul suo territorio della Carta dei diritti fondamentali dell'Unione europea, uscirà da quest'ultima grazie all'esito di un referendum consultivo.

Di converso, le consultazioni referendarie abrogative sono vietate dalla Costituzione italiana in materia di Trattati internazionali. Eppure, la Carta costituzionale del nostro paese è stata cambiata all'epoca del governo Monti per introdurvi il pareggio di bilancio voluto dalla Germania.

Oggi si discute molto di populismo, molto meno delle sue cause. Il fattore P, come l'ho definito in questo saggio, è soprattutto – se non soltanto – la conseguenza della povertà in cui vive poco meno di un terzo della popolazione dell'Unione europea e della crescente disuguaglianza sociale, ormai segno di una nuova e sempre più conflittuale quotidianità.

È significativo che dal 2009 al 2014 la presenza di forze politiche euro scettiche sia pressoché raddoppiata nel Parlamento europeo, contro un'accentuata riduzione dei partiti tradizionali, ormai intorno al 70%.

Relativamente alle costanti critiche rivolte all'Italia per gli eccessivi rapporti deficit/Pil e debito/Pil, con conseguenti declassamenti da parte delle agenzie di rating, i cui giudizi sono spesso distorsivi del mercato assai più che interpretativi, è opportuno ricordare che il nostro paese registra un avanzo primario tra i più elevati della Unione monetaria europea e che negli ultimi 6 anni ha superato solo una volta il limite del 3% stabilito dal Trattato di Maastricht e dal Patto di stabilità e crescita; contrariamente alla maggioranza delle altre nazioni, compresa la Gran Bretagna, e con le sole eccezioni di Germania, Austria – Milton Friedman *docet* – ed Estonia. Per quanto riguarda il rapporto debito/Pil, è necessario puntualizzare che la sostenibilità del nostro debito sovrano è garantita dall'essere in possesso, per la maggior parte, di sottoscrittori italiani e dall'elevato livello di ricchezza privata esistente nel nostro paese. Questo non significa che non sia improcrastinabile una sua costante e continua riduzione, come tra l'altro prevede il *Fiscal compact*, ma che i timori di un suo default sono spesso infondati e ancor più spesso strumentali, con pericolosi effetti sullo spread che alimenta l'indebitamento stesso per il pagamento di interessi più elevati.

A 25 anni dal Trattato di Maastricht e a 60 dalla nascita della Cee, i valori e gli ideali dell'Unione europea sembrano sempre più distanti dagli obiettivi sociali ed economici che si volevano perseguire e le sue premesse teoriche si sono ormai rivelate solo false promesse.

Mi è gradito ringraziare la professoressa Rita Mascolo per la cortese e attenta collaborazione. La mia gratitudine va anche al dottor Daniele Rosa per la cura e la passione con cui ha seguito la ristampa del volume.

Giuseppe Di Taranto
LUISS Guido Carli

Aprile 2017

I
Esiste una teoria economica dell'Unione monetaria europea?

Sommario

1.1 I processi di integrazione – 1.2 La fine della sovranità e i nuovi paradigmi dell'economia – 1.3 Dal Keynesian Consensus al Washington Consensus – 1.4 Coesione o dispersione? – 1.5 Le statistiche adattative. L'esempio dell'Italia

1.1
I PROCESSI DI INTEGRAZIONE

L'Unione monetaria europea è una costruzione giuridico-economica complessa. Essa è espressione di un processo di relativizzazione della sovranità degli Stati, rispetto ad istanze che si collocano a livello sovranazionale, ed ha trovato nella teoria e nella prassi del mercato il *trait d'union*, o meglio la sovrapposizione, coi nuovi paradigmi dell'economia della globalizzazione.

Alla base del Trattato di Maastricht e, ancor più, del Patto di stabilità e crescita, infatti, non vi è una teoria specifica dell'integrazione economica, tanto più necessaria per l'avvio di una realtà le cui similari esperienze storiche avevano segnato reiterati fallimenti[1], ma solo le nuove istanze del neomonetarismo e del *mainstream* fondato sul modello neoclassico dell'economia.

I diversi stadi dell'integrazione, che non seguono necessariamente un ordine temporale di successione, sono le aree di libero scambio, che

1. G. Di Taranto, *La globalizzazione diacronica*, Giappichelli, Torino 2013, p. 124; P. Pecorari, *La lira debole. L'Italia, l'Unione monetaria latina e il "bimetallismo zoppo"*, Cedam, Padova 1998; F. Mastrangelo, *Tentativi di unione monetaria in Europa dall'antichità al secolo XIX*, in "Rivista di Storia Finanziaria", n. 6, 2001, pp. 61-77.

prevedono la riduzione o l'abolizione di dazi e di restrizioni alla commercializzazione; le unioni doganali, che stabiliscono, inoltre, una tariffa concordata tra gli Stati membri verso i paesi terzi; il mercato comune, che aggiunge la libera circolazione dei fattori della produzione, di beni e di servizi. Di quest'ultimo, la Comunità economica europea era l'unico esempio fino al 1991, quando fu costituito il Mercosur tra Argentina, Brasile, Paraguay ed Uruguay[2].

Le forme d'integrazione descritte prevedono solo l'applicazione di politiche economiche atte a superare azioni e pratiche commerciali restrittive. In tal senso, esse si basano su strumenti *eterocorrettivi*, cioè di coordinamento tra gli Stati che costituiscono la comunità stessa. Tali strumenti, però, sono insufficienti alla soluzione di problemi quali i ritardi regionali interni ed esterni ai singoli paesi che compongono il mercato comune, in termini di reddito pro capite e di tassi di occupazione, nonché di idonei processi di *catching up*, il cui fine è la convergenza dei diversi livelli di sviluppo raggiunti.

Per il perseguimento di questi obiettivi è necessario il passaggio a meccanismi *eterocompensativi*, in grado di agire sulle cause delle divergenze economiche attraverso una migliore redistribuzione del reddito e interventi di tipo strutturale. Ciò comporta l'adozione di politiche e meccanismi istituzionali di tipo sovranazionale e dotati di risorse proprie. In termini diversi, il superamento del coordinamento delle azioni statuali per l'implementazione di una specifica politica comunitaria di "coesione economica e sociale", volta a creare uno sviluppo equilibrato tra le singole aree interne ai paesi membri, affiancando alle politiche redistributive quelle finalizzate alla migliore allocazione delle risorse.

L'Atto unico europeo, nel 1986, sancì il passaggio dagli interventi *eterocorrettivi* a quelli *eterocompensativi* e definì, negli articoli dal 130 A al 130 E, le politiche e gli strumenti inerenti alla coesione economica e sociale, alla ricerca, allo sviluppo tecnologico e ambientale.

Gli Stati membri avevano l'obbligo di coordinare la loro politica economica con quella della Comunità, allo scopo di ridurre il divario tra i

2. U. Triulzi, *Dal mercato comune alla moneta unica. Le politiche di integrazione dell'Unione europea*, Edizioni Seam, Roma 1999, pp. 19-22; F. R. Lenzi, *Cile e Mercosur. Modelli di sviluppo e di internazionalizzazione*, Edizioni Nuova Cultura, Roma 2009, pp. 55 ss.

livelli di sviluppo delle varie regioni, attraverso i fondi con finalità strutturali e il finanziamento, da parte della Banca europea degli investimenti (Bei), di progetti atti a valorizzare le aree arretrate, a promuovere la riconversione e l'ammodernamento di imprese, a creare posti di lavoro in caso di disoccupazione non congiunturale e nuove attività tese a consolidare il mercato comune[3]. È interessante notare che l'articolo 39 del Trattato di Roma, costitutivo della Comunità economica europea (Cee), riconosceva le disparità strutturali naturali tra le diverse regioni, disparità il cui superamento diverrà l'obiettivo prioritario dell'Atto unico europeo. Indici di misurazione dei divari saranno i livelli di reddito pro capite, per la coesione economica, quelli di occupazione, per la coesione sociale.

L'Atto unico europeo ha rappresentato una vera e propria rivoluzione rispetto al processo d'integrazione economica iniziato con la Comunità europea del carbone e dell'acciaio (Ceca) e continuato con la Cee, almeno per due aspetti. Per la prima volta, esso riconosceva, e in parte conferiva, poteri sovranazionali alla Comunità rispetto agli Stati membri, contemperandone le esigenze mediante il principio della sussidiarietà; allo stesso tempo, affiancava a strumenti di intervento pubblico dell'economia a livello europeo – fondi strutturali indirizzati al superamento dei divari economici, sociali e territoriali – la piena attuazione dei principi giuridici del sistema concorrenziale, attraverso la libera circolazione di persone, merci, capitali e servizi.

Fine ultimo era l'attuazione dell'economia di mercato all'interno della Cee a partire dal 1993, come sancirà il successivo Trattato dell'Unione europea del 7 febbraio 1992, meglio conosciuto come Trattato di Maastricht, che obbligherà gli Stati membri a una congrua e accelerata politica di convergenza economica, quale condizione inderogabile per la realizzazione dell'Unione monetaria, il cui avvio fu fissato al primo gennaio del 1999[4].

Questo processo, definito dei "piccoli passi", considera l'economia – e non la politica – l'elemento trainante dell'integrazione europea. Si comincia con l'abolizione delle barriere tariffarie; una volta ultimata, si abrogano le barriere non tariffarie, creando un mercato unico delle mer-

3. L. Monti, *L'Europa delle regioni*, Luiss University Press, Roma 2005, pp. 63 ss.

4. Cfr. B. Jossa, *La moneta unica europea. Argomenti pro e contro*, Carocci, Roma 1999, pp. 34-35.

ci e dei servizi; la liberalizzazione del commercio comporta, poi, stabilito un regime di cambi fissi, la libera circolazione dei capitali quale premessa alla moneta unica[5]. Sarà l'integrazione economica, successivamente, a condurre all'integrazione politica.

Questa interpretazione ha iniziato ad essere molto criticata, in particolare dopo la mancata approvazione della Costituzione europea, all'indomani dell'esito negativo dei referendum popolari in Francia e Olanda nel 2005, e della sua riduzione a un nuovo trattato: il Trattato di Lisbona[6]. Per molti studiosi, inoltre, il mercato unico delle merci e dei servizi non necessariamente deve portare con sé la libera circolazione dei capitali. Questa, per esempio, era l'opinione di John Maynard Keynes e, successivamente, di James Tobin, che sostenevano il controllo dei movimenti di capitale, perché ne temevano gli effetti destabilizzanti dovuti alla speculazione internazionale. E, recentemente, è l'opinione di chi continua a ritenere che il mercato lasciato completamente a se stesso dia luogo a effetti di polarizzazione creando così un centro e una periferia; gap aggravato dall'Unione monetaria. In tal senso, esso provoca risultati opposti agli esiti previsti dal processo di coesione economica e sociale[7].

L'Atto unico europeo, inoltre, sancì la fine della sovranità nazionale, attraverso l'abolizione dell'istituto del confine. La sovranità è legata alla formazione degli Stati moderni, sia sotto il profilo istituzionale che territoriale, ed estende la sua egemonia sulle altre sfere della vita sociale ed economica attraverso la legittimità democratica, a sua volta espressione della sovranità popolare.

5. *Ibid.*

6. G. Guarino, *Ratificare Lisbona?*, Passigli, Firenze 2008, pp. 15 ss.; A. von Bogdandy, *I principi fondamentali dell'Unione europea. Un contributo allo sviluppo del costituzionalismo europeo*, Editoriale Scientifica, Napoli 2011, pp. 28-32.

7. M. Centorrino, F. Ofria, D. Farinella, *Processi di convergenza e di divergenza tra Mezzogiorno e Centro-Nord a dieci anni dall'adozione dell'UME*, in "Rivista economica del Mezzogiorno", n. 3, 2010, pp. 453-486; B. Jossa, *La moneta unica europea*, cit. È stato inoltre osservato che «the extraordinary boom in debt-creating capital flows during the 2003-2007 pre-crisis period was a major contributory factor to the current crisis in the euro area. In turn, the subsequent behaviour of capital flows has been central in understanding the amplitude and transmission of the crisis itself». P. R. Lane, *Capital Flows in the Euro Area*, European Commission, Economic Paper n. 497, April 2013, p. 22.

Giuseppe Guarino, in un volume che avrebbe meritato maggiore attenzione da parte dei *policy makers*, sottolineò l'importanza dell'istituto del confine degli Stati in relazione al tasso d'interesse e al debito pubblico, prendendo ad esempio il nostro paese[8]. Prima della liberalizzazione dei capitali, il risparmio, non potendo essere trasferito all'estero o in titoli esteri, doveva obbligatoriamente restare in Italia. Lo Stato, quindi, regolava gli interessi che avrebbe corrisposto sui titoli in emissione, tenendo conto di tutte le esigenze dei settori produttivi per i quali i tassi di approvvigionamento dei finanziamenti erano a loro volta dipendenti dal tasso applicato dallo Stato stesso. Dopo l'Atto unico europeo, esso ha perduto questo potere, così come, con la sua precedente adesione al Sistema monetario europeo, aveva perso il potere di fissare unilateralmente il tasso di cambio. In tal modo, allo Stato venivano tolti, con l'eliminazione del confine, due dei fondamentali attributi della sovranità. Dalla liberalizzazione dei capitali, perciò, il tasso d'interesse sui titoli del debito pubblico doveva uguagliare quello applicato alla moneta più forte, più il relativo differenziale del tasso d'inflazione e un premio che incentivasse i sottoscrittori ad investire in titoli nazionali invece che esteri. «Se scompare il confine e alcuni elementi appaiono allo Stato essenziali, per trattenerli bisogna ricorrere a nuovi mezzi, che non siano l'autorità.»[9]

A livello internazionale, questi mezzi furono dati dai coevi paradigmi dell'economia e dalla concettualizzazione di un nuovo ente sovrano: il mercato.

1.2
La fine della sovranità e i nuovi paradigmi dell'economia

L'erosione della sovranità nazionale, tramite il superamento del confine, fu un ulteriore passo per la sostituzione di politiche *eterocorrettive* con politiche *eterocompensative* e l'attivazione di meccanismi e strumenti atti al governo sovranazionale dell'economia.

8. G. Guarino, *Verso l'Europa ovvero la fine della politica*, Mondadori, Milano 1997, pp. 35-37. Ogni punto percentuale in più del tasso d'interesse, a seconda della durata del fenomeno e tenuto conto dell'ammontare complessivo del debito, costava allo Stato italiano dai 10.000 ai 30.000 miliardi di lire.

9. Ivi, p. 36.

Lo Stato è chiamato soltanto a garantire le regole del libero mercato e, quindi, ad abolire le condizioni che ne ostacolino il funzionamento, perdendo la sovranità d'*intervento* nell'economia nazionale. Questa attualizzazione della filosofia giusnaturalistica e del principio della "mano invisibile", che furono alla base del sistema classico di Adam Smith e di David Ricardo prima, e della scuola marginalista nonché neoclassica poi, trovarono la loro traslazione, in termini economici, nel sistema libero concorrenziale tra la fine del Settecento e la prima guerra mondiale. Oggi si identificano, dopo la caduta del muro di Berlino e l'affermazione della mondializzazione dell'economia, nel mercato nella sua più vasta accezione.

Non a caso, abbiamo definito la globalizzazione – che sotto l'aspetto dell'innovazione in senso schumpeteriano e della diffusione della *Information and Communication Technology* è la rete d'interdipendenza planetaria – come «la ricomposizione dei sistemi economici, capitalismo e collettivismo, attraverso l'affermazione della teoria e della prassi del mercato. Essa trova origine dottrinaria nella multidisciplinarità e genesi empirica in eventi che hanno mutato l'assetto geo-economico mondiale, con una accelerazione temporale e fattuale a partire dagli anni '80 del Novecento»[10].

Proprio la fine dell'istituto del confine degli Stati appare, sotto il profilo giuridico, come il *trait d'union* tra il processo di formazione dell'Unione europea e quello più vasto della globalizzazione. Il diritto europeo, come nota Natalino Irti, è il diritto di uno spazio senza frontiere interne, sovrastante i territori dei singoli Stati, nel quale si svolge e attua l'odierno capitalismo. L'economia di mercato è garantita negli istituti essenziali: proprietà privata dei mezzi di produzione, libera circolazione di merci e capitali, concorrenza fra imprese. «La logica del capitalismo non tollera frontiere [...] e abita ovunque; ovunque possa esercitare e soddisfare l'indefinita volontà di profitto.»[11] La rete telematica è il simbolo estremo dell'alleanza tecno-economica: spazio artificiale senza confini, non luogo, dove sempre la volontà del profitto, «sradicata e de-territorializzata»,

10. G. Di Taranto, *Verso una globalizzazione sistemica*, in Id. (a cura di), *Lezioni dalla crisi*, Luiss University Press, Roma 2012, p. 13; G. Di Gaspare, *Teoria e critica della globalizzazione finanziaria. Dinamiche del potere finanziario e crisi sistemiche*, Cedam, Padova 2011, pp. 253 ss.

11. N. Irti, *Il salvagente della forma*, Laterza, Roma-Bari 2006, pp. 66-68

si manifesta oltre gli Stati e oltre il diritto degli Stati[12]. Lo spazio europeo è soltanto il tentativo di separarsi da uno spazio planetario, a cui tendono le uniformità dell'odierno capitalismo, che ignora e trascende le frontiere geografiche della vecchia Europa. Si tratta dello spazio della produzione e degli scambi, che appoggiandosi alla sconfinatezza della rete telematica percorre in modo inarrestabile tutte le strade del mondo, unificandosi allo spazio della globalizzazione, che «è intrinsecamente ostile alla unità dei confini europei».

In tal senso, «non può chiedersi alla moneta unica – espressione comune di tutti i valori – ciò che né fedi religiose né ideali politici sono in grado di offrirci»[13]. Fino alla sua attuazione, d'altronde, gli Stati hanno avuto facoltà di *intervento* sui cambi e sui tassi d'interesse attraverso le banche centrali. Essi erano ancora custodi della sovranità monetaria e dei suoi strumenti di regolazione, al pari della politica fiscale, per la quale era ed è prevista, invece, la sola armonizzazione. Successivamente, sarà la Banca centrale europea, che entrerà in funzione nel maggio del 1998, ad assumere le leve della politica monetaria e a cancellare definitivamente la sovranità monetaria all'interno dei confini nazionali, insieme alla libera circolazione dei fattori di produzione, e del capitale in particolare, già sancita dall'Atto unico europeo. Si trattava, com'è noto, dell'accettazione della teoria monetarista rispetto ai canoni dell'ortodossia keynesiana.

A politiche di consolidamento fiscale, volte al pareggio di bilancio e alla riduzione del debito pubblico, avrebbero dovuto seguire la stabilizzazione dell'inflazione, bassi tassi d'interesse a lungo termine ed uno sviluppo sostenibile, con effetti positivi anche sulla lotta alla disoccupazione, grazie agli effetti stabilizzanti dell'economia di mercato. Questa cornice aveva l'obiettivo di stimolare le scelte degli operatori privati e dei mercati finanziari, perché una riduzione del deficit può dar luogo ad aspettative di redditi futuri più elevati e, quindi, incrementare la stessa spesa privata[14].

12. N. Irti, *Il diritto nell'età della tecnica*, Editoriale Scientifica, Napoli 2006, p. 27.

13. N. Irti, *Il salvagente della forma*, cit., pp. 66-68.

14. C. Pacione, *Il cammino verso l'Unione monetaria europea: costi e benefici di una integrazione difficile*, in Presidenza del Consiglio dei Ministri, Scuola Superiore della Pubblica Amministrazione, *L'Europa: così vicina, così lontana*, Centro stampa S.S.P.A., Reggio Calabria 1996, pp. 48-55; B. Jossa, *La moneta unica europea*, cit., p. 137.

Il paradigma monetarista dell'ottimalità dell'economia di mercato, attraverso il sistema libero concorrenziale, cominciò ad affermarsi durante gli anni '70 del Novecento, quando la stagflazione, cioè la contemporanea presenza di stagnazione dei livelli di attività e di inflazione, provocò una reazione all'ortodossia keynesiana.

Com'è noto, quest'ultima prevedeva, in caso di crisi congiunturali di breve periodo, l'intervento dello Stato per ottenere le risorse necessarie all'investimento mediante un disavanzo programmato, finanziato con il ricorso al *deficit spending*, cioè proprio a quel deficit di bilancio che secondo la teoria monetarista deve essere eliminato e la cui trasposizione nei parametri di Maastricht sarà il rispetto del limite del 3% del Pil. Scopo era il mantenimento dei livelli di piena occupazione, in senso keynesiano, e il riaggiustamento delle condizioni di equilibrio del mercato.

Il relativo onere sarebbe stato coperto tramite l'incremento di reddito prodotto, dovuto all'effetto moltiplicativo, che avrebbe accresciuto il gettito delle imposte e quindi delle entrate; oppure, se la ripresa fosse stata finanziata con ricorso all'espansione monetaria, ritirando dalla circolazione la moneta eccedente.

È interessante sottolineare, a riguardo, quanto, già nel 2006, scrivevano Alberto Alesina e Francesco Giavazzi sulla necessità di dissipare l'impressione sbagliata che i disavanzi pubblici siano sempre un problema e che dovrebbero essere evitati a qualunque costo. «Non è così. Disavanzi di bilancio temporanei fanno parte degli strumenti di buon governo. Nei periodi di recessione è probabile che emergano disavanzi perché il gettito fiscale è temporaneamente basso. In quelle circostanze aumentare le aliquote fiscali sarebbe un errore. Allo stesso modo, se la spesa pubblica è elevata per motivi contingenti [...] sarebbe un errore aumentare all'improvviso il prelievo fiscale per mantenere i conti in pareggio [...] I disavanzi di bilancio (e i surplus) hanno un ruolo positivo nell'attenuare le temporanee fluttuazioni delle entrate fiscali e della spesa pubblica.»[15]

15. A. Alesina, F. Giavazzi, *Goodbye Europa. Cronache di un declino economico e politico*, Rizzoli, Milano 2006, p. 192.

1.3
DAL KEYNESIAN CONSENSUS AL WASHINGTON CONSENSUS

Il paradigma monetarista dell'ottimalità dell'economia di mercato, come abbiamo ricordato, cominciò ad affermarsi sul finire degli anni '70 del Novecento.

All'epoca, un gruppo di giovani studiosi che si riconosceva in Robert F. Lucas fondò una scuola di pensiero nota col nome di *New Classical Macroeconomics* o *Neomonetarist*, che si richiamava alle coeve acquisizioni della microeconomia, contrapponendosi, metodologicamente e contenutisticamente, agli schemi keynesiani. Essi ritenevano – e ritengono – che l'equilibrio generale di concorrenza perfetta vada assunto come cardine del funzionamento del mercato e come oggetto di elaborazione macroeconomica. Perciò, pur richiamandosi alla dottrina monetarista di Milton Friedman, «il programma di microfondazione viene condotto alle sue conseguenze più radicali», sostituendo alle aspettative *adattive*, le aspettative razionali e l'ipotesi di completezza dei mercati, per derivare quei «risultati di ottimalità» che ripropongono la filosofia della mano invisibile di Adam Smith e la formulazione rigorosa della macroeconomia microfondata, reiterata su taluni principi neoclassici, quali i modelli di equilibrio non walrasiani[16].

Da questo generale ripensamento dell'economia non fu esente la teoria della crescita, a partire dalla seconda metà degli anni '80 e grazie ai contributi pionieristici di Paul Romer e del già citato Lucas. A differenza delle concettualizzazioni degli anni '50 e '60, che non consentivano di conciliare il paradigma concorrenziale con rendimenti crescenti, questi ultimi furono incorporati nei nuovi modelli di crescita endogena, nei quali l'*output* dipende, oltre che dallo stock di capitale fisico e dal lavoro, dalle spese in attività di ricerca e sviluppo.

In questa ottica, anche la soluzione dei problemi delle aree arretrate era il libero mercato e mentre la Banca mondiale cominciava a erogare finanziamenti sotto forma di *prestiti di adeguamento strutturale*, il Fondo monetario internazionale gestiva, all'indomani della caduta del muro di

16. G. Rodano, *La scuola neoclassica nella macroeconomia contemporanea*, in "Rivista Italiana degli Economisti", n. 3, 1997, p. 393; G. Di Taranto, *William Stanley Jevons*, Luiss University Press, Roma 2008, p. 36.

Berlino, la transizione all'economia di mercato dell'ex Unione Sovietica e dei paesi europei del blocco comunista. L'identità di vedute sulle politiche di sviluppo a livello mondiale di questi enti, in uno col Tesoro degli Stati Uniti, diede vita al *Washington Consensus*, che sostituì il *Keynesian Consensus* degli anni '50 e '60 venuti meno, ormai, i riferimenti teorici in relazione alla dominante prassi del libero mercato.

Il *Washington Consensus* trovava, attraverso il neoconservatorismo di Ronald Reagan e di Margaret Thatcher, la sua esaltazione nel neoliberismo e la sua concretizzazione nella riproposizione di un sistema concorrenziale in cui le regole – o meglio la loro assenza – erano rigidamente giustificate da una formalizzazione dei nuovi paradigmi dell'economia, che progressivamente facevano sopravanzare lo Stato dal mercato e la sua sovranità dalla transnazionalità del potere economico e finanziario[17].

Unione europea e processo di globalizzazione trovavano, così, un denominatore comune nello spazio sovranazionale attraverso la fine dei confini degli Stati, e un conseguente processo di integrazione e di mondializzazione dell'economia attraverso il mercato, in grado di determinare – invece che di essere determinato da – gli ordinamenti giuridici utili alle imprese, soprattutto transnazionali, per la migliore allocazione del costo del lavoro, delle risorse finanziarie o emissione di titoli, per benefici o esenzioni fiscali, nonché per la disciplina fallimentare. Si configura, così, «il nuovo mercato degli ordini giuridici», per agevolare il conseguimento del profitto tramite la scelta della localizzazione da parte delle imprese. La classe politica abdica, in tal modo, al governo dell'economia per essere governata da essa[18].

L'Atto unico del 1986, la costituzione dell'Unione europea e poi dell'Unione monetaria europea coniugano, in modo contraddittorio, sia la teoria monetarista alla base dell'economia di mercato secondo i canoni della scuola neoclassica, sia la teoria della crescita endogena. Il paradosso consiste nel riconoscere al sistema concorrenziale, da una parte, il superamento del *gap* tra regioni ricche e povere attraverso processi di convergenza attivati dal libero gioco del mercato; dall'altra, l'individuare nell'azione delle politiche di coesione, e quindi di *intervento* sovranazio-

17. G. Di Taranto, *Verso una globalizzazione sistemica*, cit., p. 46.

18. N. Irti, *Il diritto nell'età della tecnica*, cit., pp. 29 e 169.

nale, pur se non più statuale, il fondamento e lo strumento insostituibile di politica economica.

1.4
COESIONE O DISPERSIONE?

Le politiche di coesione economica e sociale meriterebbero, a tutt'oggi, adeguati approfondimenti. Esse rappresentano l'obiettivo istituzionale, e perciò prioritario, della Comunità, perché si prefiggono, come recita l'Atto unico europeo, di «ridurre il divario tra i livelli di sviluppo delle varie regioni e il ritardo delle regioni meno favorite», anche nei livelli di occupazione. Per sottolinearne l'importanza, basti ricordare che esse furono oggetto delle conclusioni di più Consigli europei: ad Hannover, nel giugno '88, si evidenziò che il Mercato unico «offre la migliore possibilità di incentivare l'occupazione e di aumentare il benessere della comunità a vantaggio dell'insieme dei cittadini»; a Madrid, l'anno successivo, si chiarì che «nel quadro della realizzazione del Mercato unico europeo occorreva dedicare agli aspetti sociali la stessa importanza riservata a quelli economici». Il Consiglio di Strasburgo, nel dicembre '89, sancì la *Carta sociale dei diritti fondamentali dei lavoratori*.

Lo stesso Trattato di Maastricht, all'articolo 2, dichiara che la «Comunità ha il compito di promuovere, mediante l'instaurazione di un mercato comune e di una unione monetaria, [...] uno sviluppo armonioso ed equilibrato delle attività economiche, [...] una crescita sostenibile, non inflazionistica e che rispetti l'ambiente, un elevato grado di convergenza dei risultati economici, un elevato livello di occupazione e di protezione sociale, il miglioramento del tenore e della qualità della vita, la *coesione economica e sociale* e la solidarietà tra gli Stati membri». Perciò, proprio a Maastricht, venne istituito il Comitato delle regioni, allo scopo di rappresentare le istanze delle istituzioni locali anche nell'ambito delle decisioni comunitarie. Il Comitato si proponeva di contribuire al funzionamento dell'Unione europea come garante del principio di sussidiarietà, secondo il quale «l'Unione deve agire solo quando un'azione a livello comunitario si rivela più efficace di una intrapresa a livello nazionale, regionale o locale»[19].

19. L. Monti, *L'Europa delle regioni*, cit., p. 70; cfr. anche pp. 65-69.

Non vanno dimenticati, inoltre, il Libro verde (1993) della Commissione sulla Politica sociale per la soluzione di priorità quali le condizioni occupazionali e il successivo Libro bianco (1994), che considerava l'occupazione uno degli obiettivi fondamentali del Trattato.

Nel dicembre 1997, anno finale per il raggiungimento dei criteri di convergenza, il Consiglio straordinario sull'occupazione svoltosi a Lussemburgo sottolineò l'urgenza di unificare, in un'unica azione, politica economica e politica del lavoro. Agenda 2000, infine, delegata a esprimere i pareri della Commissione sui paesi candidati all'ampliamento dell'Unione europea, reitererà la necessità di attivare condizioni per una crescita durevole e creatrice di posti di lavoro mediante investimenti nelle infrastrutture e nella formazione nelle regioni meno prospere. Nello stesso anno, anche la Strategia di Lisbona, che si proponeva di rendere l'Unione europea l'area più competitiva del mondo entro il 2010 attraverso l'economia della conoscenza, e poi completamente disattesa e sostituita da Europa 2020, aveva tra gli obiettivi il ritorno alla piena occupazione e il miglioramento della coesione sociale[20].

Ebbene, una attenta ricerca sulle dinamiche di convergenza dei redditi pro capite delle regioni europee, nel periodo 1980-2002, ha analizzato gli effetti spaziali e l'eterogeneità dei percorsi di crescita. La metodologia adottata ha mostrato che un unico sentiero di sviluppo verso un livellamento dei redditi regionali è un'ipotesi altamente improbabile, almeno nel breve periodo[21]. Infatti, solo una piccola parte del campione considerato manifesta un apprezzabile tasso di convergenza, mentre quest'ultimo è particolarmente basso o assente per la gran parte delle regioni. In tali condizioni, il raggiungimento della coesione economica avverrebbe soltanto dopo diversi secoli e, ovviamente, se non si verificassero mutamenti nei fondamentali dell'economia.

Molte regioni, all'interno di Stati sia ricchi che poveri, sono accomunate da un sentiero comune di assenza di convergenza, determinato da fattori di agglomerazione, sia economici che spaziali, causati, probabil-

20. Ivi, p. 22; Osservatorio Inca Cgil, *Europa 2020: La strategia UE del prossimo decennio*, maggio 2010, p. 16.

21. Cfr. M. Battisti, G. Di Vaio, *A spatially filtered mixture of ß-convergence regressions. for EU regions, 1980-2002*, in "Empirical Economics", vol. 34, n. 1, 2008, pp. 105-121.

mente, da rendimenti crescenti dei fattori. Tale dinamica finisce per rinforzare il paradosso della "convergenza divergente", caratterizzato dall'esistenza di convergenza fra paesi e di divergenza fra regioni. Un aspetto interessante, inoltre, è costituito dal fatto che, a parte il caso italiano, non sembra esistere a livello europeo una dicotomia Nord-Sud, quanto piuttosto una polarizzazione centro-periferia, data da un centro convergente ed una periferia divergente, come previsto da autorevoli studiosi già all'indomani del Trattato di Maastricht[22].

Anche se il lavoro non esamina esplicitamente le questioni legate alle politiche di coesione, alcune implicazioni possono esserne ugualmente tratte. Da una divisione del campione in due sottoperiodi – anni '80 e '90 – si evince come non risultino differenze significative in termini di convergenza tra i due decenni. Anzi, le differenze esistenti sembrano indicare che gli anni '90, durante i quali il processo di integrazione europea ha subito un'accelerazione dovuta alla firma del Trattato di Maastricht e alle clausole di adesione alla Ume, hanno visto un'espansione dell'area delle regioni caratterizzate da assenza di convergenza. Da questo si può indirettamente dedurre che le politiche di coesione, rilanciate in quegli anni in seguito alla riforma dei fondi strutturali del 1988, non hanno avuto un grande impatto sulla riduzione delle disparità economiche regionali.

Questo risultato appare ancor più sconcertante ove si consideri che i fondi strutturali costituiscono il principale strumento di *policy* usato dall'Unione europea al fine di promuovere lo sviluppo delle regioni arretrate e di accelerare il processo di convergenza economica.

Durante il periodo 1989-1999, la Commissione europea ha investito 247 miliardi di Ecu, pari a circa un terzo del proprio budget totale, nelle politiche di sviluppo regionale, di cui i fondi rappresentano la maggior parte. Tuttavia, l'effettività di tali fondi nel promuovere la sviluppo economico e nel ridurre le disparità regionali nei livelli di *welfare* non è stata ancora chiaramente dimostrata. Inoltre, è stato evidenziato che i fondi non hanno alcun ruolo nello stimolare la per-

22. B. Jossa, *La moneta unica europea*, cit., p. 32. Sull'argomento cfr. anche, per una diversa interpretazione, G. Viesti, F. Prota, *Le politiche regionali dell'Unione Europea*, il Mulino, Bologna 2004, pp. 114-138; G. Viesti, *Mezzogiorno a tradimento*, Laterza, Roma-Bari 2009.

formance di crescita a livello aggregato, mentre sortiscono un effetto positivo soltanto nei paesi che possiedono un adeguato livello istituzionale. Essi, dunque, dovrebbero essere allocati attraverso un processo di *institution building*, poiché possono divenire efficaci nello stimolare le dinamiche di *catching-up* soltanto se condizionati alla qualità istituzionale[23].

Ancora. I fondi strutturali, in relazione alle esternalità spaziali causate dalle politiche di coesione in funzione ai fenomeni di crescita e convergenza regionale, finanziano principalmente infrastrutture di trasporto, al fine di facilitare lo sviluppo del Mercato comune. Il potenziamento di tali infrastrutture, tuttavia, porta a una riduzione dei costi di trasporto che, a turno, influenza il processo di delocalizzazione delle imprese verso le regioni ricche dell'Unione. Di conseguenza, l'impatto delle politiche regionali andrebbe esaminato alla luce degli effetti di *spillover* indotti dalla loro allocazione[24].

I risultati del lavoro mettono in luce la presenza di significativi effetti spaziali, che prendono forma in due regimi rappresentativi di dinamiche centro-periferia. Le stime evidenziano un apprezzabile tasso di convergenza solo per il regime periferico, mentre ne segnalano un'assenza all'interno del regime formato dalle regioni ricche. L'impatto dei fondi in sé non è mai significativo, mentre le esternalità spaziali, associate all'allocazione degli stessi, sono positive e rilevanti, anche se di una dimensione estremamente limitata. Guardando agli effetti di *spillover*, si evince come i percorsi di diffusione spaziale della crescita interessino soltanto le regioni più avanzate. Tale fenomeno può essere spiegato dal fatto che le regioni centrali sono generalmente più piccole e più interconnesse tra di loro, attraverso il commercio e le reti infrastrutturali, rispetto a quelle periferiche. Lo stesso risultato suggerisce, inoltre, che proprio l'assenza di esternalità spaziali, in queste ultime, può costituire una delle cause della loro arretratezza.

23. S. Ederveen, H. F. L. de Groot, R. Nahuis, *Fertile Soil for Structural Funds? A Panel Data Analysis of the Conditional Effectiveness of European Cohesion Policy*, in "Kyklos", vol. 59, n. 1, 2006, pp. 17-42.

24. S. Dall'Erba, J. Le Gallo, *Regional convergence and the impact of European structural funds over 1989-1999: a spatial econometric analysis*, in "Papers in Regional Science", vol. 87, n. 2, 2008, pp. 219-244.

In conclusione, i risultati dello studio confermano che le regioni europee non sono state caratterizzate da un percorso condiviso di coesione dei livelli di benessere dei propri cittadini, anche allo scopo di evitare che la persistenza delle disparità interregionali possa portare a insoddisfazioni e risentimenti nei confronti dell'assetto politico e istituzionale, minando alla base il processo di integrazione europea[25].

A conferma di tale asserzione, un altro lavoro empirico[26] ha mostrato che, già negli anni '90, l'assenza di coesione economica è stata accompagnata dalla mancanza di coesione sociale, ovvero dal fallimento della riduzione dei divari occupazionali a livello regionale. Dalla scomposizione del reddito pro capite nelle componenti della produttività del lavoro e del tasso di occupazione, si è visto come il difetto di convergenza economica sia da imputarsi principalmente alla persistenza delle disparità nei tassi di partecipazione al mercato del lavoro. Inoltre, una crescente relazione positiva tra produttività e tasso di occupazione ha causato un'accentuazione dei divari regionali nei livelli di reddito pro capite, in quanto le regioni in ritardo di sviluppo sono state caratterizzate da alti tassi di disoccupazione.

L'analisi dell'impatto dei fondi strutturali ha dimostrato come essi non abbiano esercitato un'influenza positiva sui redditi pro capite e sui tassi di partecipazione, a livello regionale, anche e soprattutto dopo l'introduzione della moneta unica e nonostante la loro allocazione abbia seguito i principi di equità e di coesione perseguiti dalla Commissione europea[27]. La distribuzione degli stessi, infatti, è stata inversamente proporzionale al livello di ricchezza e direttamente proporzionale al tasso di disoccupazione di lungo periodo. Una possibile spiegazione di tale fenomeno può essere cercata nel fatto che le principali voci di spesa dei fondi siano state costituite da investimenti in

25. F. Fauri, *L'integrazione economica europea, 1947-2006*, il Mulino, Bologna 2006, p. 270.

26. R. Basile, S. De Nardis, A. Girardi, *Dinamiche di sviluppo nel centro e nella periferia d'Europa: il ruolo delle politiche strutturali*, in "Rivista di politica economica", vol. 93, n. 4, 2003, pp. 89-134.

27. Centre d'analyse stratégique, *European economic convergence: Twenty years later*, Working Paper series, 2012-03, pp. 5-34; M. T. Borsi, N. Metiu, *The evolution of economic convergence in the European Union*, Deutsche Bundesbank, Discussion paper n. 28, 2013, pp. 1-24.

infrastrutture. Tali investimenti, come si è visto, hanno avuto un impatto positivo sulla crescita della produttività ma, al tempo stesso, non hanno avuto alcun effetto significativo sui tassi occupazionali. Secondo il Rapporto Sapir[28], invece, esiste una tendenza, politicamente inevitabile, a equilibrare i trasferimenti fra Stati membri, i quali, quasi tutti e a prescindere dal loro livello di ricchezza, dichiarano di avere almeno alcune regioni sottosviluppate per ottenere una percentuale dei fondi strutturali, seppure ridotta, che attenua il nesso tra erogazioni comunitarie e fabbisogno effettivo di sviluppo regionale. Questo spiega ancor più il motivo per il quale i livelli del Pil pro capite e i tassi di disoccupazione tendenzialmente hanno presentato un andamento divergente da una regione all'altra, con conseguente aumento delle disparità.

1.5
LE STATISTICHE ADATTATIVE. L'ESEMPIO DELL'ITALIA

Nel terzo trimestre del 2007, alle soglie della crisi, in Italia il tasso di disoccupazione destagionalizzato era del 5,9% – pur raggiungendo il 10,8% nel Mezzogiorno –, livello che in letteratura veniva solitamente associato con il pieno impiego. In realtà, questo dato deve tener conto di due problemi, legati, rispettivamente, alle tecniche di rilevazione e alla definizione di disoccupato.

Il primo porta a una necessaria cautela nella comparabilità temporale tra i tassi di disoccupazione rilevati sin dal 1958, dovuta a una serie di mutamenti nell'indagine sulla rilevazione trimestrale delle forze di lavoro dell'Istat, iniziati nel 1977 con la modifica della definizione stessa di occupato e disoccupato.

Altre modifiche si ebbero nel 1984 e nel 1986, ma quella più rilevante fu nell'ottobre del 1992, anno dell'approvazione del Trattato di Maastricht, con l'introduzione del questionario P/90, che, pur consentendo di ottenere nuove e diverse informazioni, a livello di dati creò una accentuata discontinuità. All'indomani dell'introduzione della moneta unica, nel 2004, entrò in vigore un nuovo sistema di rilevazione cam-

28. A. Sapir et al., *Europa, un'agenda per la crescita. Rapporto Sapir*, il Mulino, Bologna 2004, pp. 110-112.

pionaria delle forze di lavoro, introdotta per uniformarsi alle disposizioni dell'Unione europea[29]. Essa si basava su di un sistema di rilevazione continuo, in quanto le informazioni erano raccolte in tutte le settimane dell'anno e non più in una singola settimana per trimestre, pur se la diffusione restava trimestrale. Anche se nella nuova indagine non c'era più la definizione di occupato basata sulla percezione dell'individuo, restavano degli interrogativi legati al nuovo criterio oggettivo, che considerava occupati i soggetti con più di 15 anni che nella settimana alla quale si riferiva l'intervista avevano svolto almeno un'ora di lavoro retribuita[30].

La seconda questione è legata all'aspetto temporale della ricerca di lavoro, nella definizione di disoccupato, che conformemente agli standard dell'ILO (*International Labour Organization*) riguardava colui che aveva effettuato almeno un'azione di ricerca di lavoro nei trenta giorni precedenti l'intervista e che era disponibile ad iniziare a lavorare entro le due settimane successive all'intervista stessa.

Gli inconvenienti derivanti da questa definizione erano stati esaminati in uno studio[31] dove si dimostra che categorie di individui al margine tra inattività e disoccupazione, definiti "potenziali", si comportavano allo stesso modo dei disoccupati da standard ILO, pur non avendo effettuato azioni di ricerca nei trenta giorni precedenti. Tale definizione, perciò, sottovalutava la reale disoccupazione in modo considerevole, nascondendo livelli superiori di divergenza e minore coesione tra le diverse regioni. Per il 2000, gli autori stimano del 2% per l'Italia e del 4% per il Mezzogiorno la sottovalutazione della disoccupazione.

È interessante notare che, secondo le statistiche dell'Eurostat del 2001, le regioni dell'Ue con tassi più elevati di disoccupazione erano la Campania e la Calabria – alle quali si aggiungerà la Sicilia –, appena al disopra della Martinica, di Guadalupa e di Réunion, territori d'oltremare della Francia. Tra il 2001 e il 2003, il tasso di disoccupazione della Campania oscillava tra il 22,4 e il 20%, quello della Calabria tra il 24,8 e il 23,4% e quello della Sicilia si manteneva intorno al 20,1%.

29. EC Regulation, nn. 1575/2000 e 1897/ 2000.

30. Ad esempio, era considerato occupato anche chi aveva lavorato almeno per un'ora presso la ditta di un familiare senza essere retribuito.

31. A. Brandolini, P. Cipollone, E. Viviano, *Does the ILO definition capture all unemployment?*, Banca d'Italia, Temi di discussione, n. 529, dicembre 2004.

All'indomani del nuovo sistema di rilevazione statistica introdotto nel 2004, questi tassi scesero di circa di tre, quattro punti. Non a caso, una volta ricostruita l'intera serie storica della disoccupazione in Italia, essi, tra il 2001 e il 2003, si riducevano intorno al 15-16%, ovviamente con una forte diminuzione, a ritroso, di tutti quelli inerenti alla stessa serie storica rielaborata. Questo decremento, che per quanto sopra descritto bisognerebbe chiedersi se reale o ancora una volta solo formale e fittizio al pari dei dati relativi alla finanza creativa, non muta, però, i risultati e il fallimento della coesione economica e sociale.

Secondo i dati riferiti al 2004 della Relazione sulla coesione, quattro regioni meridionali (Campania, Puglia, Sicilia e Calabria), in cui abitavano complessivamente quasi 17 milioni di italiani, erano l'ultima grande area rimasta dell'Europa pre-allargamento, in cui il Pil pro capite restava inferiore al 75% della media dell'allora Unione europea a 27. Anche il tasso di occupazione era ai livelli più bassi sempre dell'Ue a 27, con l'eccezione di Polonia, Malta e Ungheria. Mentre il Centro-Nord si collocava in una posizione intermedia tra la Francia e la Germania, il Mezzogiorno, con il 46,6, si distanziava di quasi 19 punti dal resto del paese, rimanendo molto lontano dall'obiettivo della Strategia di Lisbona: il 70% entro il 2010[32].

32. Confindustria, Istituto per la Promozione Industriale, Comitato Mezzogiorno, *Check-up Mezzogiorno*, ottobre 2007, pp. 7 e 19-22.

2
Lezioni dall'euro

Sommario

2.1 Il Trattato di Maastricht. Non vedo, non sento, non parlo – 2.2 Il trucco della convergenza: la finanza creativa – 2.3 Premesse e false promesse – 2.4 La germanizzazione dell'Europa – 2.5 L'euroegemonia tedesca. Lo spread – 2.6 L'uso politico dello spread in Italia – 2.7 I parametri del rigore: 3% inventato, 60% sbagliato – 2.8 Quei premi Nobel? Tutti raccomandati!

2.1
IL TRATTATO DI MAASTRICHT. NON VEDO, NON SENTO, NON PARLO

I principi teorici dell'istituzione della moneta unica, l'euro, sono contenuti in due fondamentali documenti, dell'aprile 1989 e dell'ottobre 1990, voluti dalla Commissione europea: il Rapporto Delors e *One market, one money*. Il primo, che si ispirava al principio di sussidiarietà, affidando alla Comunità le attribuzioni che abbisognavano di decisioni collettive e ai singoli Stati il benessere delle relative popolazioni, presupponeva il raggiungimento della massima omogeneità economica tra le nazioni che avrebbero dovuto adottare la moneta unica. Tale omogeneità, che sarà poi traslata nei criteri di convergenza del Trattato di Maastricht, si fondava sulla mobilità dei fattori della produzione, sull'incremento dei fondi strutturali e, soprattutto, sulla limitazione di parte della sovranità economica degli Stati relativamente ai deficit, alle prerogative delle rispettive banche centrali in materia di fissazione del tasso di interesse e di politica del cambio e del loro trasferimento a una Banca centrale europea. Questa avrebbe perseguito l'obiettivo della stabilità dei prezzi, quale premessa irrinunciabile per la crescita, l'occupazione e una bilancia dei pagamenti sostenibile. In questo quadro, le diverse nazioni non potevano accedere al credito dalle proprie banche centrali, nella rigorosa ottica della teoria quantitativa, secondo l'assioma che l'aumento della moneta in circolazione implica solo inflazione, col pericolo di contagio ad altre nazioni, e mai crescita e occupazione.

La prima fase, finalizzata alla creazione della moneta unica, doveva coincidere con l'entrata in vigore, nel luglio 1990, della direttiva europea sulla liberalizzazione del movimento dei capitali, già prevista dall'Atto unico del 1986, in uno con la libera circolazione di merci, persone e servizi, inclusi quelli assicurativi e bancari[1].

Il successivo studio, *One market, one money*, fu elaborato dalla Direzione generale per gli affari economici e finanziari della Commissione europea e fece suoi i risultati di un precedente report di Paolo Cecchini, sempre voluto dalla Commissione, sui costi che avrebbe comportato la mancata attuazione dell'Unione monetaria[2]. Lo studio, nel riaffermare i contenuti del Rapporto Delors, si proponeva di dimostrare tutti i vantaggi che la moneta unica avrebbe portato, a fronte dei vincoli e dei costi, non certo insignificanti, nel periodo breve di transizione per la sua attuazione. Si ribadiva quale obiettivo prioritario il rigore finanziario, tramite la stabilità dei prezzi, come base per una maggiore efficienza, un incremento degli investimenti e una riduzione della disoccupazione. Più in generale, l'allargamento del mercato avrebbe causato diffuse economie di scala con la conseguente diminuzione dei costi per le aziende – a giudizio dello stesso Delors, almeno del 3% considerando le sole politiche dell'offerta – e dei prezzi per i consumatori, aumentando la flessibilità del lavoro e riducendo gli effetti negativi degli shock provenienti dall'esterno della futura eurozona. La più accentuata concorrenza, inoltre, avrebbe cancellato le condizioni di monopolio delle banche all'interno dei singoli

1. G. Guarino, *L'Europa imperfetta. Ue: problemi, analisi, prospettive*, in Id., *Diritto ed economia. L'Italia, l'Europa, il mondo*, in "I Quaderni di Economia italiana", n. 8, 2011, pp. 219-274; Id., *Eurosistema. Analisi e prospettive*, Giuffrè Editore, Milano 2006, pp. 126-141. Cfr. anche G. Di Taranto, *Le basi problematiche della moneta unica*, in "Aspenia", n. 26, 2012, pp. 176-179; Id., *The Internationalization Process in Southern Italy*, in "Review of Economic Conditions in Italy", 2011/2-3, pp. 495-517; Id., *L'Europa tradita. Dall'economia di mercato all'economia del profitto*, in F. Capriglione (a cura di), *La nuova disciplina della società europea*, Cedam, Padova 2008, pp. 21-63.

2. P. Cecchini, *La sfida del 1992. Una grande scommessa per l'Europa*, Sperling & Kupfer, Milano 1988, pp. 142-189.

paesi, fenomeno tipico di mercati finanziari ristretti, e accelerato la convergenza. Perciò, quest'ultima, un'adeguata mobilità dei due più rilevanti fattori della produzione, capitale e lavoro, e, soprattutto, la maggior estensione del mercato europeo erano poste – o meglio imposte – come condizioni imprescindibili per la creazione della moneta unica.

Non andavano poi sottovalutati i benefici indiretti che ne sarebbero derivati, quali l'eliminazione dei costi di transazione e di cambio tra le valute e la riduzione dei tassi d'interesse, maggiori nelle nazioni dove più alta era l'inflazione. Se il debito pubblico di uno Stato fosse cresciuto in maniera eccessiva, attraverso la riduzione del rating il tasso d'interesse del debito stesso sarebbe divenuto più oneroso e lo Stato sarebbe stato costretto a rientrare nei limiti. Si riconosceva, tuttavia, che non sempre il mercato individua tempestivamente le condizioni di insolvenza e che, perciò, non sempre è in grado di generare reazioni sufficienti[3].

Il vantaggio originato dall'allargamento e dalla nuova architettura istituzionale, nel medio periodo, era calcolato in un aumento della ricchezza, secondo un'analisi microeconomica confermata da un relativo approccio macro, del 5,3%, cui andava aggiunto uno 0,7% per l'introduzione stessa della moneta unica, una riduzione del livello dei prezzi del 6,1% e una crescita dell'occupazione intorno ai 2 milioni di unità. Il bilancio pubblico della Comunità sarebbe migliorato «di una media equivalente al 2,2% del Pil, facendo aumentare il saldo della Comunità verso l'estero di un ammontare pari a circa l'1% del Pil»[4]. Il costo più significativo dell'intera operazione era individuato nella cancellazione, per l'adozione di una moneta comune, dell'opportunità di agire sul tasso di cambio da parte dei singoli Stati, comunque permessa, pur se ristretta a una banda di oscillazione ben definita, dal Sistema monetario europeo.

Il *Trattato istitutivo dell'Unione europea*, del 7 febbraio 1992, noto come Trattato di Maastricht dal nome della cittadina olandese dove fu sottoscritto, altro non fece che codificare gran parte dei contenuti dei documenti citati, in particolare del Rapporto Delors, e parametrarli con dei valori di riferimento ormai ben noti: deficit/Pil non superiore al 3% e debito/Pil non oltre il 60%. Le altre condizioni per soddisfare i criteri

3. G. Guarino, *Eurosistema*, cit., p. 135.

4. P. Cecchini, *La sfida del 1992*, cit., pp. 184-187. Cfr. anche Id., *La nuova Europa dopo il 1992*, Sperling & Kupfer, Milano 1990, pp. 57 ss.

di convergenza per l'adozione della moneta unica prevedevano che il tasso di interesse nominale a lungo termine di uno Stato membro, osservato in media nell'arco di un anno prima dell'esame, non avesse ecceduto di oltre due punti percentuali quello dei tre Stati membri che avessero conseguito i migliori risultati in termini di stabilità dei prezzi. L'andamento sostenibile di questi ultimi doveva registrare un tasso netto di inflazione che, osservato per un periodo di un anno anteriore all'esame, non superasse di oltre 1,5 punti percentuali quello dei tre paesi membri che avessero conseguito i migliori risultati in termini, appunto, di stabilità dei prezzi. Infine, bisognava rispettare un tasso di cambio stabile, verificato attraverso la permanenza di ciascuna moneta nel Sistema monetario europeo «senza gravi tensioni per almeno due anni prima dell'esame». In particolare, per lo stesso periodo, ciascuno Stato non avrebbe dovuto svalutare il tasso di cambio centrale bilaterale della sua moneta nei confronti della moneta di nessun altro membro[5]. Inoltre, il Trattato vietava di concedere credito agli Stati, alla Comunità o ad altre istituzioni pubbliche da parte delle rispettive banche centrali nazionali o della Banca centrale europea. Questo divieto e l'inizio del monitoraggio della vigilanza degli Stati rappresentarono la seconda fase verso la moneta unica. La terza avrebbe segnato il passaggio a regime dell'euro come banconota, dal primo gennaio 2002, dopo la fissazione della parità tra le diverse valute, la sua introduzione solo come moneta bancaria dal primo gennaio del 1999, e, soprattutto, l'attuazione del processo di convergenza per l'ammissione dei singoli Stati all'eurosistema, stabilità per la fine del 1997, dopo un primo monitoraggio al 31 dicembre 1994 dei parametri sopra descritti, e, in via definitiva, entro il primo luglio 1998.

Fatti salvi gli obiettivi sull'inflazione e sui tassi d'interesse a lungo termine, entrambi pressoché raggiunti anche per la recessione causata dai sacrifici imposti dalla convergenza, relativamente alla sostenibilità delle finanze pubbliche è interessante sottolineare che già prima della stipula del Trattato di Maastricht, al 31 dicembre 1991, 4 paesi su 12 registravano un parametro deficit/Pil superiore al 3% (Portogallo e Belgio 7,2%; Gre-

5. Il *Rapporto sulla convergenza dell'Italia verso l'UEM*, redatto all'inizio del 1998 dalla Direzione generale del Tesoro e dagli uffici tecnici della Banca d'Italia, offre un'analisi dettagliata dei criteri di convergenza. Esso fu pubblicato in "Vita Italiana", a. XLVIII, n. 2-3, 1998, pp. 7-45.

cia 11% e Italia 11,4%) e cinque un rapporto debito/Pil oltre il 60% (Belgio 127%, Grecia 82,2%, Irlanda 94,4%, Italia 98,0%, Olanda 73,7%). Al monitoraggio di fine '93, il rapporto deficit/Pil, tranne che per l'Italia, dove era diminuito al 10%, e per il Belgio, dove si era mantenuto stabile, aveva raggiunto il 4,2% in Austria, entrata ufficialmente nell'Ue il 1° gennaio 1995 insieme a Svezia e Finlandia, e il 5,9% in Francia.

All'atto della valutazione al 31 dicembre 1996, nove Stati avevano un rapporto deficit/Pil superiore al 3% e sette un rapporto debito/Pil maggiore del 60%. Nonostante i miglioramenti registrati per l'indebitamento, all'ultima verifica, al 31 luglio 1998, per entrare nella rosa delle nazioni che nel rispetto dei parametri del Trattato avrebbero potuto essere ammesse all'adozione della moneta unica, il rapporto debito/Pil restava superiore ai valori prescritti sempre in sette paesi, ma era aumentato in molti altri: 20,1 punti in Germania; 22,3 punti in Francia, fino al 31,8 in Grecia. Alla fine delle tre valutazioni furono ammesse all'adozione della moneta unica 11 nazioni su 12. La Grecia fu ammessa con deroga, ben presto cessata.

Il giudizio positivo, che ignorò le criticità delle finanze pubbliche, fu possibile grazie a un'interpretazione, già adottata nelle precedenti valutazioni, dell'articolo 104 C del Trattato. Si attribuì maggiore rilievo, ai fini dell'obiettivo da raggiungere, al rapporto deficit/Pil rispetto all'altro: debito/Pil. Poiché nel dicembre 1991, quando era stato raggiunto l'accordo sul Trattato ma non ancora si era proceduto alla sua ratifica, già cinque Stati, come notato, registravano un valore ben oltre il 60% del rapporto debito/Pil, si assunse che non esisteva un limite definito al volume del debito e che era sufficiente che detto rapporto fosse in via di riduzione tale da avvicinarsi al valore di riferimento a ritmo adeguato, senza alcuna specificazione dei tempi necessari e della velocità per il raggiungimento (art. 104 C lettera *b*). È questa interpretazione che ha portato, oggi, all'applicazione del *Fiscal compact*, che definisce, invece, rigidamente, i parametri temporali e quantitativi della riduzione al 60% del rapporto debito/Pil. Si trascurò – o meglio si volle trascurare – uno dei cardini della teoria economica, l'equivalenza ricardiana, noto sin dal secondo decennio del XIX secolo e successivamente, nel 1974, ripreso e perfezionato da R. Barro: il debito pubblico può aumentare a condizione che l'incremento della pressione fiscale che deriva dalla maggiore crescita per l'aumento del disavanzo sia sufficiente al pagamento degli interessi e al rimborso del debito stesso.

Per il parametro relativo al rapporto deficit/Pil, invece, si ammetteva un suo superamento in via temporanea ed eccezionale. Solo quest'ultimo, perciò, era condizione necessaria e sufficiente per la convergenza ai fini della moneta unica[6].

L'Italia, già gravata da un elevato debito pubblico, per entrare nell'eurozona diede celere attuazione all'equivalenza ricardiana, imponendo ai cittadini una "pesante eurotassa" e senza invocare la clausola di *opting out*, come fece il Regno Unito, prevista dal Trattato di Maastricht e che permetteva di non aderire subito in attesa di più attenta riflessione[7].

Le premesse dell'euro segnavano i limiti e i vincoli della sua corretta attuazione.

2.2
IL TRUCCO DELLA CONVERGENZA: LA FINANZA CREATIVA

I primi controlli e notifiche sulle condizioni del debito e dei bilanci dei 12 paesi che sarebbero divenuti membri della futura Ume, come abbiamo notato, si ebbero nel 1994, ma erano riferiti all'anno precedente, quando il deficit medio dell'Ue era del 5,7% del Pil.

Come ha mostrato un interessante studio, poiché le pratiche contabili solitamente lasciano ampi margini di manovra e quanto più le regole si fanno stringenti tanto più i governi tentano di utilizzare tali margini, in Europa si è fatto ampio ricorso a queste manovre durante gli anni '90 in vista dell'Unione monetaria[8]. I governi, infatti, hanno tentato di riportare i parametri di deficit entro il 3% del Pil come previsto dal Trattato di Maastricht. «Parte di questi miglioramenti, però, sono stati di natura *cosmetica* e transitoria», e si sono realizzati attraverso «misure una tantum e di contabilità creativa».

Fino al 1997, le prime hanno riguardato i trattamenti "gonfiati" delle operazioni di privatizzazione e quelli "sottocosto" di afflussi di capitali verso le imprese a partecipazione statale in perdita; le seconde, si riferivano alla riclassificazione di entità appartenenti al governo, quali

6. G. Guarino, *Eurosistema*, cit., pp. 135 ss.

7. P. Savona, *Eresie, esorcismi e scelte giuste per uscire dalla crisi. Il caso Italia*, Rubbettino, Soveria Mannelli 2012, p. 46.

8. V. Koen, P. van den Noord, *Fiscal Gimmickry in Europe*, Oecd, Paris 2005, p. 4.

ospedali ecc., e al conteggio, come ricavi, di somme pagate in un'unica soluzione da parte delle imprese che trasferivano allo Stato gli obblighi pensionistici. In Italia, come notato, «la cosiddetta eurotassa, riscossa proprio nel 1997, da rimborsarsi successivamente, è stata sia una misura una tantum che di contabilità creativa». Dal 1993 al 1997, le 12 nazioni che faranno parte dell'Unione monetaria europea, e Danimarca, Svezia e Regno Unito che non vi aderiranno, ricorreranno a sistemi di finanza creativa, ad eccezione del Lussemburgo. Inoltre, il valore medio più elevato di queste operazioni rispetto al Pil (0,54%), in uno con la loro diffusione al maggior numero di paesi (13 su 15), si registrerà, non a caso, nel 1997, poco prima della celebrazione del già ricordato consiglio dell'Ue del maggio del 1998, che sancirà l'ammissione delle nazioni che per prime potranno far parte della Ume, in base al rispetto dei criteri di convergenza. L'elaborazione è stata possibile perché i paesi entrati nel 1995, Austria, Finlandia e Svezia, riceveranno nello stesso anno la prima notifica per il controllo dei bilanci, ma sempre a partire dal 1993. Nel computo, che copre, appunto, il periodo 1993-2003, sono esclusi gli introiti ricevuti per la vendita delle licenze Umts e le operazioni minori dell'1%. Ciò significa che la ricerca citata offre valori di finanza creativa inferiori a quelli realizzati e, ciononostante, nell'intero arco di tempo considerato, essi raggiungono, in media, il 4,2% rispetto al Pil. Ai primi tre posti compaiono la Grecia, con il 25,9%, l'Italia, con il 7,3% e il Portogallo, con il 7,0%. Dal 2000 al 2003, i paesi che faranno ricorso a misure di cosmesi contabile saranno ancora 6, dopo essersi ridotti a 2 nel 1999, a causa della sfavorevole congiuntura economica internazionale e dei vincoli stringenti imposti dal Patto di stabilità e crescita, prima della sua riforma[9].

Gli autori distinguono tre fasi di misure una tantum e di contabilità creativa: «una prima ondata c'era stata durante la preparazione all'Unione monetaria europea, una seconda si è presentata in forma di ricavi delle vendite delle licenze Umts, una terza, più recente, si è avuta quando la

9. Sulle rigidità del Patto, F. Busato, *Il Patto di stabilità e crescita: proposte di riforma o riforme strutturali?*, Seminari per l'Europa, Luiss Guido Carli, Facoltà di Economia, Istituto Luigi Sturzo, Roma, s.d., pp. 5-40. Sui nuovi contenuti e procedure del Patto, G. Magnifico, *L'euro: ragioni e lezioni di un successo sofferto*, Luiss University Press, Roma, 2005.

congiuntura negativa, all'inizio del millennio, ha peggiorato la situazione dei deficit», con sempre più frequente ricorso alle operazioni di "ammennicoli fiscali" riguardanti le cartolarizzazioni e misure una tantum, queste ultime consistenti in condoni e nella vendita di asset non finanziari da parte dei governi. Dal 2000 al 2002, inoltre, i ricavi delle licenze Umts, in percentuali del Pil, nei 12 paesi dell'euro sono ammontati, rispettivamente, a 1,08%, 0,03% e 0,01%. Nel primo anno di riferimento, in Germania hanno raggiunto il 2,5%.

Alcune operazioni di cosmesi finanziaria furono attuate anche per la riduzione fittizia del debito pubblico. Prima del 1998, la Francia scorporò dal bilancio statale i trasferimenti di capitale alle imprese pubbliche che avevano un bilancio in rosso. L'Irlanda, la Svezia e l'Austria anticiparono la riscossione delle imposte e quest'ultima, inoltre, istituì una *Agenzia per le autostrade*, con autonomia giuridica, e le imputò una quota dell'indebitamento pubblico del 3,2% del Pil. La Bundesbank, in Germania, rivalutò le riserve e utilizzò le plusvalenze per coprire il deficit dello Stato.

Nel 2002, il governo italiano, tramite il Ministero del Tesoro, attivò un contratto di *swap* con la Banca d'Italia. Ancora nel 2003, la trasformazione della Cassa depositi e prestiti in società per azioni e l'ingresso delle Fondazioni al 30%, grazie al nuovo status semiprivato, permise allo Stato di scaricare sulla Cassa stessa rilevanti quote del debito, introitando parte dei proventi derivanti da *tranche* di Enel, Eni e di Poste vendute alla Cassa stessa. L'operazione di giro ridusse il debito pubblico di circa 12 miliardi[10].

Diventa compito poco agevole, dunque, valutare i costi della convergenza, e se questa fu *realmente* o solo *contabilmente* raggiunta.

Nel 1998, i 15 paesi che avrebbero fatto parte successivamente dell'Unione monetaria europea avevano ridotto il fabbisogno entro il limite del 3% del Pil come previsto dal Trattato di Maastricht. Di questi, sei chiusero il bilancio in attivo: Danimarca, Irlanda, Lussemburgo, Finlandia, Svezia e Regno Unito. Anche il debito pubblico, in percentuale sul Pil, regi-

10. V. Koen, P. van den Noord, *Fiscal Gimmickry*, cit., e gli interessanti commenti di I. Bufacchi, *Una tantum, Italia seconda nella Ue*, in "Il Sole-24 Ore", 30 marzo 2002; P. Foschi, *Finanza creativa, un conto da 70 miliardi*, e G. Sarcina, *Soltanto i greci ci battono in povertà*, entrambi in "Corriere Economia", 27 giugno 2005.

strò una diminuzione, ad eccezione della Germania che, partendo da un livello molto contenuto, tra il '96 e il '98 registrò un lieve aumento, dal 60,4% al 61,1%. Il tasso di inflazione risultò inferiore al 2%, ad esclusione della Grecia dove raggiungeva quasi il 5%.

2.3
PREMESSE E FALSE PROMESSE

Gli esiti dell'architettura istituzionale europea – di cui il Trattato di Maastricht rappresenta il fondamento – sembrano avvalorare l'ipotesi che essa necessiti, nonostante il successivo Trattato di Lisbona, la costituzionalizzazione del pareggio di bilancio e il *Fiscal compact*, di una revisione critica degli obiettivi attesi rispetto ai risultati conseguiti. Alla luce di questi ultimi, s'impone un profondo ripensamento dei principi e degli strumenti che l'hanno animata e, quindi, del significato stesso della "società europea" nella sua più vasta accezione. In particolare sotto il profilo giuridico, che mostra non pochi aspetti contrastanti[11]. Essa rappresenta una costruzione particolarmente complessa, che, con vincoli eccessivamente rigorosi e rigoristi, ha limitato le opportunità di crescita dei diversi paesi[12] provocando, per la maggior parte di essi, una recessione ormai unanimemente giudicata più grave di quella successiva al crollo di Wall Street del 1929, e limitando progressivamente la rappresentanza dei cittadini europei a favore di variegati interessi precostituiti.

La moneta unica ha causato il passaggio della speculazione dal corso dei cambi, flessibili sia all'interno del Serpente monetario, a partire dal 1973, sia con il Sistema monetario europeo, pur se in una determinata banda di oscillazione, dal 1978, al livello dei tassi d'interesse sui titoli del debito pubblico dei diversi Stati. In termini diversi, dalla moneta quale elemento rappresentativo delle condizioni dell'economia di una nazione, alla fiducia che i mercati hanno nei titoli del debito sovrano della stessa. Nonostante nell'anno della riunificazione della Germania lo spread tra Btp e Bund toccasse i 600 punti per raggiungere i 700 con la speculazio-

11. G. Guarino, *Cittadini europei e crisi dell'euro*, Editoriale Scientifica, Napoli 2014, pp. 141 ss.

12. F. Rampini, *La trappola dell'austerità. Perché l'ideologia del rigore blocca la ripresa*, Laterza, Roma-Bari 2014, in particolare pp. 34-39.

ne che colpì l'economia italiana nel 1992 e permanere oltre i 300 almeno fino al 1996, nessun analista utilizzò questo dato per documentare la nostra debolezza rispetto a quella dei Länder. Dato che poi si ridusse fino a toccare valori negativi con la nascita dell'euro, in particolare dal 1997 al 2007, segnando il primo, ma per taluni aspetti l'ultimo, successo della moneta unica. Non si notò, o non si volle notare, ha scritto Jacques Sapir, che quella era la sola unificazione a cui si assisteva in quel momento: «I prezzi dei prodotti nei vari paesi dell'eurozona rimanevano molto diversi e il valore delle azioni quotate nelle varie Borse non convergevano affatto. Peggio ancora, le differenze tra le dinamiche economiche tra i paesi dell'eurozona continuavano ad aumentare»[13].

La debolezza dell'architettura istituzionale europea fu poi esaltata dalla crisi dei mutui *subprime*, scoppiata negli Stati Uniti, dal successivo fallimento di banche, quali Bear Stearns e poi Lehman Brothers, e con la dichiarazione di George Papandreou del rischio di default della Grecia. La riduzione di liquidità che ne è conseguita ha incrementato il divario dei tassi d'interesse con i titoli decennali tedeschi, divario che raggiungerà il suo massimo dall'estate del 2011 per Portogallo, Irlanda, Italia, Grecia, Spagna, i Piigs, ma anche per il Belgio. In realtà, si trattava dell'avverarsi delle condizioni imposte dalla Germania per la sua adesione al Trattato di Maastricht: l'eurozona doveva nascere come una comunità di stabilità finanziaria, secondo una sentenza della Corte costituzionale tedesca, che escludeva, conseguentemente, ogni forma di mutualizzazione dei debiti sovrani dei paesi in difficoltà, e, in questa linea di azione e di pensiero, la Banca centrale europea, che nascerà nel 1998, non poteva essere prestatore di ultima istanza, perché unico suo obiettivo era la stabilità monetaria, interpretata restrittivamente come lotta all'inflazione sul modello della Bundesbank.

I paesi in crisi, dunque, non possono mutualizzare i loro debiti né attuare svalutazioni competitive e regolare il tasso d'interesse e di cambio a causa dell'introduzione della moneta unica. L'unico strumento di cui possono avvalersi per finanziarsi è il ricorso al libero mercato dei capitali – strumento definito da J. Halevi, già nel 1999, «una vera cuccagna per

13. J. Sapir, *Bisogna uscire dall'euro?*, Ombre corte, Verona 2012, p. 24.

le istituzioni della rendita finanziaria»[14] – con il conseguente aumento del loro debito pubblico e la trasformazione delle crisi di liquidità in crisi di solvibilità. Queste provocano una minore fiducia degli investitori col rischio di peggiorare le condizioni economiche degli Stati debitori, perché il conseguente aumento dello spread comporta un abbassamento del valore dei titoli stessi e un maggior aggravio per far fronte al più elevato pagamento dei relativi interessi[15]. Non a caso, lo stesso Fondo monetario internazionale (Fmi) ha fatto autocritica sui danni provocati dalle politiche di austerità sostenute nell'ambito della Troika[16] e ha riconosciuto la necessità di un controllo sulla libera circolazione dei capitali, in uno con l'Ocse e con il Parlamento europeo.

È noto, infatti, che il rendimento di titoli di debito sovrano è correlato al tasso di cambio, al livello dell'inflazione, al rischio di insolvenza e, a parità di solvibilità, al suo grado di liquidità. Perciò un Bund tedesco sul mercato finanziario internazionale, ad esempio, ha una attrattività maggiore rispetto a un Btp italiano e quest'ultimo rispetto a un titolo analogo greco o cipriota. Trasformandosi anche, per la solidità e affidabilità dell'economia tedesca, verosimilmente in un bene rifugio. Con l'introduzione della moneta unica è venuto meno il primo elemento – tasso di cambio – e l'aspettativa sul livello dell'inflazione si è pressoché ridotta a un ventaglio minimo di oscillazione, molto al di sotto del 2% rispetto ai 3 paesi più virtuosi, in conformità al Trattato di Maastricht. Non a caso, fino al 2007, lo spread medio tra titoli tedeschi e italiani era di appena 27 punti base, di 28 con quelli greci e di appena 9 con quelli spagnoli. Questo significa che o i mercati avevano una incontrollabile fiducia nella solidità delle finanze pubbliche di tutti i paesi dell'eurozona oppure che non avevano compreso un elemento costitutivo del Trattato di Maastricht, ossia il principio del non salvataggio. Esso

14. Cfr. A. Graziani, *Lo sviluppo dell'economia italiana. Dalla ricostruzione alla moneta unica europea*, Bollati Boringhieri, Torino 2001, p. 171.

15. J. Sapir, *Bisogna uscire dall'euro?*, cit., pp. 12-13.

16. Per il nostro paese cfr. *Growth and Financial Stability in Italy*, "Review of Economic Conditions in Italy", 2012/1. In particolare, G. Pisauro, *The consolidation of the Italian economy*, pp. 31-54; B. Amoroso, *Figli di Troika. Gli artefici della crisi economica*, Castelvecchi, Roma 2013, pp. 7-82; L. Gallino, *Come (e perché) uscire dall'euro, ma non dall'Unione europea*, Laterza, Roma-Bari 2016, pp. 87-90.

assicura la stabilità della moneta ed esclude tassativamente trasferimenti di fondi tra paesi dell'Unione[17].

In proposito, Jean-Paul Fitoussi ha opportunamente rilevato che «le conseguenze della speculazione sul mercato dei cambi, pur essendo gravi, lo sono infinitamente meno di quella sulla stabilità degli Stati. Non esiste confronto possibile tra le conseguenze economiche e sociali di una svalutazione e quella della corsa agli sportelli»[18]. Il passaggio della speculazione dal corso dei cambi al tasso di interesse dei titoli pubblici ha segnato, di fatto, anche il trasferimento della sovranità degli Stati alla sovranazionalità economica della finanza. Al contrario del livello dei cambi, che ciascuna nazione poteva gestire tramite operazioni di mercato aperto per regolare la liquidità interna attraverso la propria banca centrale o con il ricorso a svalutazioni competitive – o anche rivalutazioni come previsto dallo Sme –, è impossibile per un singolo paese difendersi da attacchi speculativi per la mole del capitale che la sua liberalizzazione ha immesso sul mercato e trasformato in forma di finanziarizzazione dell'economia. Ciò perché il debito pubblico delle singole nazioni è emesso in una moneta sovranazionale, l'euro, su cui gli Stati non hanno più il potere di esercitare le politiche monetarie sopra richiamate. Anzi, si verifica un ampliamento della crisi, perché il pericolo della insolvenza di uno Stato ne deprezza i relativi titoli, con l'innalzamento dello spread, e, quindi, con riduzione della capitalizzazione delle banche che li posseggono, con il rischio, se lo Stato non interviene, della corsa al ritiro dei depositi – la Grecia insegna – e delle esportazioni di capitali verso gli Stati con debito sovrano solido. Questo meccanismo, ovviamente, indebolisce i paesi più poveri, per la speculazione, e arricchisce ancor più quelli opulenti.

A tal riguardo, Thilo Sarrazin ha evidenziato che «una banca che detiene titoli di Stato emessi in euro si assume un rischio aggiuntivo rispetto a quanto capita con i titoli di Stato dei paesi la cui banca centrale ha la possibilità di emettere valuta», col pericolo di pregiudicare la sua solvibilità[19].

17. T. Sarrazin, *L'Europa non ha bisogno dell'euro*, Castelvecchi, Roma 2013, pp. 77-78.

18. J.-P. Fitoussi, *Il teorema del lampione o come mettere fine alla sofferenza sociale*, Einaudi, Torino 2013, p. 122.

19. T. Sarrazin, *L'Europa non ha bisogno dell'euro*, cit., p. 24.

2.4
LA GERMANIZZAZIONE DELL'EUROPA

La Germania ha trasformato il principio fondamentale sancito dalla Corte di giustizia europea della sovranità *condivisa* tra gli Stati in una sorta di sovranità *subalterna* degli Stati, soprattutto di quelli definiti periferici dal Fondo monetario internazionale. Ulrich Beck, nel suo volume dal significativo titolo *Europa tedesca. La nuova geografia del potere*, ha scritto che «la Germania ha portato ad accantonare la norma della partecipazione alla pari, che sempre più spesso è stata sostituita da forme di dipendenza gerarchica». La concessione di crediti vincolata a rigorosi impegni di riforma e a corrispondenti controlli hanno condotto al crollo sociale di intere regioni, moltissime persone hanno perso la base materiale di sussistenza, la loro dignità, il loro futuro. Di fatto, l'Europa tedesca ha trasformato la visione di un continente unito nell'immagine di un'Europa nemica[20].

Negli anni più recenti, infatti, molte proposte e decisioni della Merkel sono state in funzione più di obiettivi politici contingenti che del rilancio di una cultura e di uno spirito europeisti. Basti ricordare i suoi dinieghi ad aumentare il finanziamento dell'*European Stability Mechanism*, all'emissione di Eurobond, ad aderire alla lettera d'intenti sulla crescita sottoscritta da dodici paesi dell'Unione o l'enorme ritardo nel concedere parte degli aiuti alla Grecia, per non scontentare la componente del suo elettorato più intransigente sui prestiti all'Europa. Nonché, il perfetto tempismo tra l'approvazione del Fondo salva Stati e le elezioni in Westfalia, la sua imposizione alle altre nazioni del vincolo del pareggio di bilancio da inserire in costituzione e del *Fiscal compact* – considerati dannosi dallo stesso ministro degli Esteri della Finlandia, Erkki Tuomioja, perché al servizio della politica interna tedesca – o, in via indiretta, la decisione della Corte costituzionale tedesca sul programma di impegno della Bce ad acquisti illimitati di titoli dei paesi in crisi sul mercato secondario, presa solo all'indomani delle ultime elezioni tedesche e della formazione del nuovo governo, rimettendo, dopo una serie di rinvii, il caso alla Corte di giustizia europea.

La supremazia politica della Germania in Europa e, come notato, la sovranità subalterna – invece che condivisa – della maggior parte degli

20. U. Beck, *Europa tedesca. La nuova geografia del potere*, Laterza, Roma Bari 2013, pp. 64 e 66.

altri Stati sono la conseguenza dei vantaggi da essa ottenuti dall'introduzione della moneta unica, molto più dei benefici delle riforme attuate e alle quali generalmente essi si attribuiscono. Se non fosse stato introdotto l'euro, infatti, il marco si sarebbe rivalutato di oltre il 40%, riducendo notevolmente i flussi commerciali tedeschi verso l'estero. La Germania è stata favorita anche perché la moneta unica ha impedito agli altri partner europei di ricorrere a svalutazioni, che avrebbero permesso un recupero di competitività sui mercati internazionali.

La politica economica di Berlino, a ben vedere, non è mutata da oltre trent'anni: da quando, con la nascita del Sistema monetario europeo, nel dicembre del 1978, riuscì ad imporre la sua egemonia a scapito degli altri paesi aderenti allo Sme. Per aumentare le esportazioni, il governo tedesco operò un'attenta politica del cambio, compensando l'attivo della bilancia commerciale con la fuoriuscita di capitali. In questo modo la svalutazione del marco causava automaticamente la rivalutazione delle altre monete europee e la conseguente riduzione delle loro esportazioni. Fino al 1992, la svalutazione del marco rispetto alla lira fu continua[21].

In una unione monetaria qual è quella europea, il surplus del saldo delle partite correnti rispetto al Pil di una nazione causa un deficit del saldo in altre nazioni. In questa ottica, la Germania rappresenta una anomalia all'interno dell'Unione proprio a causa della asimmetria surplus/deficit descritta. Non è mai accaduto che una nazione, con il maggior saldo delle partite correnti rispetto al Pil, dreni liquidità attraverso il deficit finanziato con l'incremento del debito pubblico dei paesi importatori dei suoi prodotti[22]. Perciò, proprio la Germania deve agevolare una politica fiscale espansiva, un incremento della domanda interna, degli investimenti europei ed una mutualizzazione dei debiti sovrani per favorire un aggiustamento non deflattivo di questo circolo vizioso. «Chi è in attivo, è stato opportunamente rilevato, se viene meno il meccanismo di aggiustamento [del cambio...] ha una responsabilità in più, e maggiore è la responsabilità se

21. A Graziani, *Lo sviluppo*, cit., p. 137.

22. «Si tratta di una condizione assolutamente anomala: mai, prima d'ora, si era data una moneta a circolazione plurinazionale costruita attorno a un paese strutturalmente esportatore, perché la funzione del fulcro di un sistema monetario è creare liquidità, non drenarla» (M. De Cecco, F. Maronta, *Berlino, Roma e i dolori del giovane euro*, in "Limes", n. 4 (*L'Italia di nessuno*), 2013, pp. 27-28).

il paese è parte della zona euro.»[23] Il grafico seguente è rappresentativo di questa asimmetria.

Figura 1 – Saldo partite correnti (% del Pil)

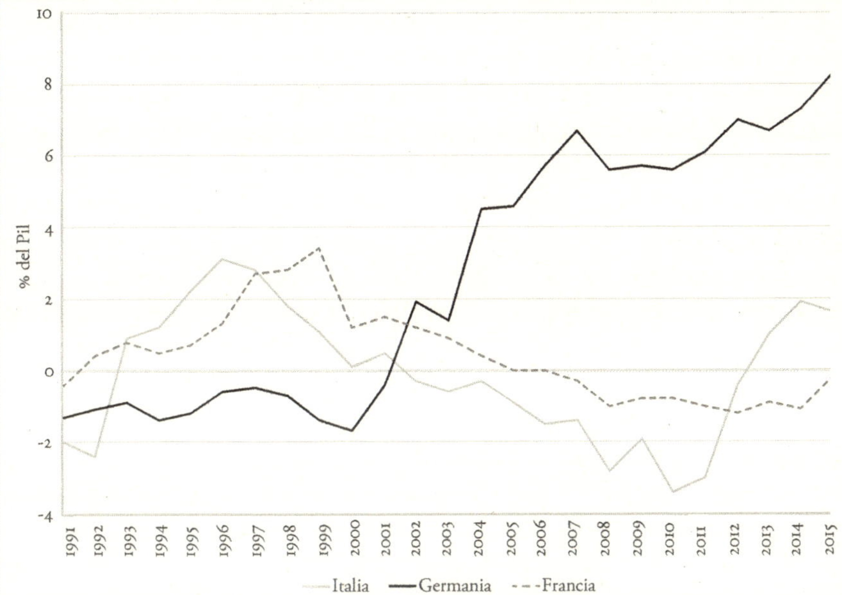

Fonte: Eurostat.

A partire dal 1991, per i tre Stati più importanti dell'Ume, a un andamento alterno del saldo delle partite correnti in percentuale del Pil fino al 2001 di Italia e Francia, si contrappongono valori costantemente negativi per la Germania. Quest'ultima raggiungerà il pareggio solo nel 2001 – dopo un ulteriore rallentamento dovuto alla riunificazione con la Repubblica democratica tedesca – e, dall'anno successivo, con l'introduzione dell'euro come moneta circolante, registrerà un accelerato incremento del saldo, fino a toccare l'8,6% del Pil nel 2016, cioè circa 300 miliardi di

23. L. Campiglio, *La crescita europea ed il futuro dell'Euro: rischi e strategie*, in F. Timpano, F. Arcelli (a cura di), *Atti della ottava "Lezione Mario Arcelli"*, Rubbettino, Soveria Mannelli 2012, pp. 44-45. Cfr. anche, A. Boitani, *Sette luoghi comuni sull'economia*, Laterza, Roma-Bari 2017, pp. 11-12.

euro, il valore più alto del mondo. Al contrario, i valori dell'Italia, prima concorrente dell'industria tedesca in non pochi settori, diventeranno sempre negativi o prossimi allo zero; similmente a quelli francesi, dopo un calo intorno allo zero dal 2003.

D'altronde, la stessa riunificazione portò non pochi benefici alla Germania. Anzitutto, un cambio alla pari tra i due marchi, occidentale e orientale, per salari, pensioni, trasferimenti aziendali e altro aumentò il potere d'acquisto della popolazione della ex Repubblica democratica e provocò un incremento della domanda della ex Germania federale; a danno della competitività delle imprese localizzate nella parte orientale, che persero anche il mercato dei paesi socialisti con il crollo dell'Unione Sovietica. Questo processo fu accelerato dalla radicata presenza nella ex Repubblica federale di grandi imprese, i Konzern, specializzate proprio nei settori trainanti per l'esportazione[24]. Ricerche empiriche hanno dimostrato una relazione diretta nell'eurozona fra la percentuale di occupati nelle imprese di grandi dimensioni e il livello del tasso d'inflazione nei diversi paesi. Ebbene, quanto maggiore è il primo tanto minore è il secondo, perciò la Germania è la nazione che registra il più basso tasso d'inflazione. Questo differenziale è in funzione della minore occupazione cosiddetta a classe zero, che si rileva nelle microimprese con un solo soggetto lavorativo, la cui presenza in Italia è la più elevata: oltre il 20%. Questo è certamente un importante fattore che spiega perché, nonostante il livello dei prezzi nel nostro paese sia pressoché in linea con la media europea, il Pil pro capite sia più basso[25].

Inoltre, nella prima metà degli anni 2000, la Germania si avvantaggerà, con la Francia, di ulteriori risorse derivanti dal superamento del rapporto deficit/Pil al 3%, stabilito in relazione al valore medio degli investimenti della Repubblica federale tedesca, come vedremo successivamente (Figura 2).

La procedura di deficit eccessivo, infatti, prevista dal Patto di stabilità e crescita, non fu applicata a Germania e Francia. Nel novembre 2003,

24. E. Dal Bosco, *Perché la Germania va meglio degli altri paesi UE*, in "Economia italiana", numero speciale, 2011, pp. 84 e 89. Le attività finanziarie, invece, furono cambiate al valore di 2 marchi della RDT per uno dalla RFT.

25. L. Campiglio, *La crescita europea*, cit., pp. 39-40.

l'Ecofin decise di non dar seguito alla raccomandazione della Commissione favorevole a sanzionare entrambe. La non attuazione delle norme procedurali nei confronti delle due maggiori economie dell'eurozona "scosse la fiducia" nei fondamentali principi che ispiravano il Patto: la parità di trattamento per gli Stati membri e la trasparenza nell'applicazione delle regole[26].

Figura 2 – Rapporto deficit-Pil

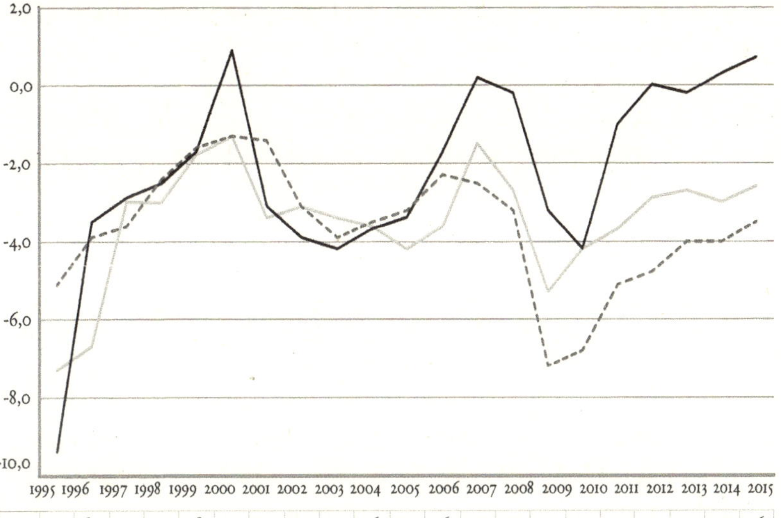

	1995	1996	1997	1998	1999	2000	2001	2002	2003	2004	2005	2006	2007	2008	2009	2010	2011	2012	2013	2014	2015
Italia	-7,3	-6,7	-3,0	-3,0	-1,8	-1,3	-3,4	-3,1	-3,4	-3,6	-4,2	-3,6	-1,5	-2,7	-5,3	-4,2	-3,7	-2,9	-2,7	-3,0	-2,6
Germania	-9,4	-3,5	-2,9	-2,5	-1,7	0,9	-3,1	-3,9	-4,2	-3,7	-3,4	-1,7	0,2	-0,2	-3,2	-4,2	-1,0	0,0	-0,2	0,3	0,7
Francia	-5,1	-3,9	-3,6	-2,4	-1,6	-1,3	-1,4	-3,1	-3,9	-3,5	-3,2	-2,3	-2,5	-3,2	-7,2	-6,8	-5,1	-4,8	-4,0	-4,0	-3,5

Fonte: Eurostat.

2.5
L'EUROEGEMONIA TEDESCA. LO SPREAD

Le condizioni di affidabilità economica della Germania, grazie all'unificazione, alla struttura dimensionale delle imprese e alla più bassa in-

26. G. Magnifico, *Euro: squilibri finanziari e spiragli di soluzione*, Luiss University Press, Roma 2008, pp. 243 e 247. Cfr. anche le interessanti osservazioni di L. Bini Smaghi, *Morire di austerità. Democrazie europee con le spalle al muro*, il Mulino, Bologna 2013, pp. 54-57.

flazione, alle procedure sanzionatorie non applicate e, soprattutto, alla moneta unica e alle riforme attuate – anche in funzione delle risorse ottenute – hanno attirato capitali dall'estero sottoscritti in Bund a tassi d'interesse vicini allo zero e poi in parte reinvestiti in titoli di nazioni quali Grecia, Spagna, Italia o Portogallo, dove maggiore era lo spread. Almeno fino alle due Ltro (*Long-term refinancing operation*) della Bce, all'annuncio di Draghi sulla irreversibilità dell'euro e, soprattutto, al programma Omt (*Outright monetary transactions*). La Germania, in termini diversi, ha prestato capitali alle nazioni dell'eurozona che importavano i suoi prodotti e, all'indomani della crisi della Grecia, col *flight to quality* e il pericolo di insolvenza dei paesi periferici, ne ha drenato il risparmio.

Nell'estate del 2011, quando Standard & Poor's declassò il debito sovrano ellenico, chiarendo, con Moody's, che le modalità della sua ristrutturazione lo rendevano più simile a un default che a un salvataggio, i titoli decennali greci rendevano oltre il 17%, quelli portoghesi l'11% e quelli irlandesi l'11,35%. Secondo un rapporto del Ministero delle Finanze tedesco, solo i primi 15,17 miliardi prestati ad Atene avevano procurato alle casse federali circa 380 milioni[27]. Certo è che, la Germania ha introitato, grazie allo spread tra Bund e titoli decennali dei paesi in crisi, oltre 40 miliardi tra il 2010 e gli inizi del 2014. Particolarmente illuminanti, in proposito, sono alcune osservazioni di Marco Fortis, che evidenziano l'interesse di Berlino affinché l'Italia venisse messa sempre più all'angolo dalle agenzie di rating e additata dalla stessa Europa come poco affidabile, ben al di là dell'effettivo stato dei suoi fondamentali: «Col risultato che il flusso dei finanziamenti internazionali di debiti pubblici si è spostato dal nostro debito sovrano che ne assorbiva una quota importante a quello tedesco e di altri paesi, che ne hanno beneficiato notevolmente. [...] Soldi che sono serviti ovunque a salvare banche, ad ammortizzare la crisi sociale, a finanziare spesa pubblica anticiclica per sorreggere il Pil. Per contro, il debito pubblico estero italiano, progressivamente abbandonato dagli investitori stranieri, è aumentato nello stesso periodo di appena 24 miliardi». Dal 2010 al 2012, all'acme della crisi europea, il nostro debito pubblico estero è diminuito di 103 miliardi; quello tedesco è invece cresciuto di 345, con la conseguenza che il debito sovrano italiano finanziato dai residenti è andato a compensare la fuga dei non residenti ed è aumentato dal 2010 al

27. C. Bastasin, *Tra Atene e Berlino*, Edizioni Il Sole-24 Ore, Milano 2012, p. 58.

2012 di 142 miliardi, una crescita sostenuta principalmente dalle banche. Per contro, il debito pubblico della Germania sottoscritto dai residenti nel biennio 2011-2012 è diminuito di 10 miliardi, nonostante una crescita del debito sovrano totale di 110 miliardi. Di fatto, essa ha accresciuto il proprio debito complessivo solo grazie agli investitori stranieri a tassi irrisori e, ciò che più conta, senza chiedere impegni alle proprie banche e ai propri cittadini. «Persino gli aiuti che la Germania ha dato ai paesi europei in difficoltà sono stati finanziati dagli stranieri, perlomeno fino al 2012, mentre i circa 40 miliardi che alla stessa data l'Italia ha devoluto alla causa europea li ha dovuti sborsare tutti di tasca propria impegnando risorse interne, sottraendole alla crescita»[28], a favore dei paesi periferici dell'eurozona. A tutt'oggi, gli aiuti italiani superano i 50 miliardi, con conseguenze sulla lievitazione del nostro debito pubblico (Figura 3).

Figura 3 – Debito pubblico (% del Pil)

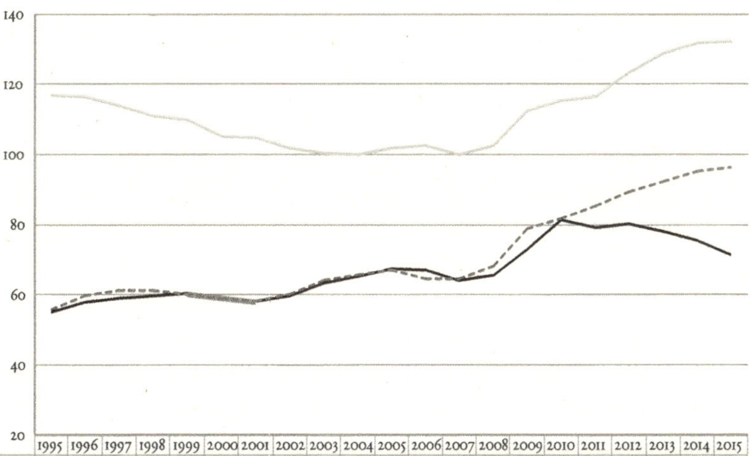

	1995	1996	1997	1998	1999	2000	2001	2002	2003	2004	2005	2006	2007	2008	2009	2010	2011	2012	2013	2014	2015
Italia	116,9	116,3	113,8	110,8	109,7	105,1	104,7	101,9	100,5	100,1	101,9	102,6	99,8	102,4	112,5	115,4	116,5	123,3	129	131,9	132,3
Germania	54,7	57,5	58,7	59,5	60	58,9	57,7	59,4	63,1	64,8	67	66,5	63,7	65,1	72,6	81	78,7	79,9	77,5	74,9	71,2
Francia	55,8	59,7	61,1	61	60,2	58,6	58,1	60	64,1	65,7	67,1	64,4	64,3	68	78,9	81,6	85,2	89,5	92,3	95,3	96,2

Fonte: Eurostat.

28. M. Fortis, *I conti tornano solo a Berlino*, in "Il Sole-24 Ore", 19 novembre 2013. Id., *Imprese d'Italia*, Il Sole-24 Ore, Milano 2012, pp. 58 ss.

Perciò, lo *status quo* è l'unica condizione che assicura lo sviluppo della Germania. Uno dei padri fondatori dell'Ue, Jacques Delors – ormai diventato uno dei suoi critici – in un'intervista al "Daily Telegraph" ha dichiarato che i problemi dell'Unione monetaria nascono da «una combinazione tra l'ostinazione tedesca a tenere sotto controllo la moneta e l'assenza di una visione chiara da parte di tutti gli altri paesi», anche se resta la speranza che a fronte dell'entità della crisi "persino la Germania" cercherà di trovare una soluzione all'incertezza dei mercati, come sembra apparire dalla cauta apertura di Weidmann agli eurobond. Anche parte della stampa tedesca, come la "Süddeutsche Zeitung", invita la Merkel a sostenere le nazioni impegnate nei piani di austerità, dopo aver imposto ai loro cittadini non pochi sacrifici; e lo stesso giornale, già il 28 maggio 2009, pubblicava un'intervista all'ex ministro degli Esteri Joschka Fischer che, riferendosi alla cancelliera, affermava che «l'Ue è sempre più considerata meramente come una cornice per il rafforzamento dei propri interessi particolaristici, e non più un fine di per sé della politica europea della Germania»[29].

2.6
L'USO POLITICO DELLO SPREAD IN ITALIA

Lo spread, è noto, rappresenta il differenziale di rendimento tra i titoli decennali del debito pubblico della Germania, i Bund, e quelli italiani, i Btp. Prima che esso raggiungesse, con il governo Berlusconi, i 575 punti nel novembre del 2011, alcuni tra i più importanti istituti di credito tedeschi vendettero un quantitativo non trascurabile di titoli italiani, avviando un processo speculativo-cumulativo che non poco contribuí al raggiungimento di quel picco. Ne è prova il fatto che, nominato Mario Monti presidente del Consiglio, lo spread subì un calo – mantenendosi comunque oltre i 300 punti – in occasione dell'approvazione del decreto "Salva Italia" e tornando subito dopo a superare i 500. Nonostante Monti, all'epoca, sostenesse che lo spread non va divinizzato quando scende e demonizzato quando sale e che col precedente governo Berlusconi si rischiava di superare i 1000 punti, a pari-

29. "Süddeutsche Zeitung", 28 maggio 2009. Cfr. S. Bolgherini, F. Grotz (a cura di), *La Germania di Angela Merkel*, il Mulino, Bologna 2010, p. 113.

tà di giorni governati dai due esecutivi, tra il 2011 e il 2012, in media il differenziale Bund-Btp è stato molto più alto col leader Monti, attestandosi, mediamente, ben oltre 300. Lo spread, infatti, deve essere valutato non nei punti di massimo e di minimo, poiché questo significherebbe tralasciare il suo livello per l'intero intervallo di tempo compreso tra quei punti stessi, intervallo in cui sono quotidianamente avvenute operazioni su titoli sul mercato secondario. Durante il governo "tecnico" lo spread ha superato il valore di 500 per 19 giorni, rispetto ai 4 del precedente esecutivo Berlusconi, per poi permanere in una fascia di oscillazione tra 410 e 464 fino al 5 settembre 2012, cioè fino al giorno precedente all'annuncio del presidente della Bce, Mario Draghi, di un piano organico anti-spread. In questa ottica, può apparire in parte opinabile la lettera del senatore Mario Monti al direttore del "Corriere della Sera", del 4 gennaio 2014, in cui si sottolinea che a causa dell'impennata dello spread per quattro mesi, fino a toccare i 575 punti, l'Italia era non lontana dal rischio di default.

Dopo le elezioni del febbraio 2013 e il tentativo fallito da parte di Pier Luigi Bersani di formare un governo, con un ventaglio di oscillazione tra i 290 ed i 360, è con l'esecutivo di larghe intese guidato da Enrico Letta che la tendenza si è confermata al ribasso, nonostante l'uscita dalla maggioranza di Forza Italia: intorno ai 200 punti dopo il minimo di 197 del 3 gennaio 2014, anche grazie all'innalzamento del tasso di interesse dei Bund tedeschi dall'1% al 2%.

Quanto ricordato potrebbe apparire singolare considerando che col leader Monti era stato attuato solo poco più del 20% degli impegni presi dal nostro paese in osservanza della lettera del 5 agosto 2011 inviata dalla Bce, ancora presieduta da Jean-Claude Trichet, e dalla Banca d'Italia, e che ancora a fine 2013 non si andava oltre il 40%. Al di là dell'uso politico dello spread, dunque, ben orchestrato a livello internazionale contro l'Italia e strumentalizzato ad arte a fini politici interni, la verità è che non c'è nazione che da sola possa contrastare la speculazione senza un'azione condivisa dell'Unione monetaria europea. Le operazioni non convenzionali volute da Mario Draghi e attuate dalla Bce – prestiti al tasso dell'1% per circa 1000 miliardi al sistema creditizio dell'Unione (Ltro) e, in particolare, l'annuncio dell'acquisto illimitato di titoli sul mercato secondario dei paesi in crisi (Omt) – ne sono la prova, come dimostra il livello dello spread che all'indomani del 6 settembre 2012, quando, come notato, le Omt furono illustrate da Mario Draghi, non supererà più un massimo di 380 punti, avviandosi verso una, pur se ondivaga, discesa. Ne è conferma la più recente dichiarazione di Draghi (3 aprile 2014) relativa alla decisione presa all'unanimità dal board della Bce, per sostenere la crescita, di «ricorrere a misure non convenzionali dinanzi a un periodo troppo prolungato di bassa inflazione». Dichiarazione che ha portato lo spread dai 192 punti, registrati all'insediamento del governo Renzi, a 162, il livello più basso dal maggio 2011 e pressoché in linea con i valori pre-speculazione del 2010. I reiterati annunci al ricorso di misure non convenzionali, però, sono la conferma degli errori costitutivi della Bce, che deve ricorrere a politiche *borderline*, a suo tempo denunciate alla Corte costituzionale tedesca, perché la riduzione del tasso di riferimento dal 4,25 del 2008 allo 0,25 di oggi – misura convenzionale – è stata necessaria ma non sufficiente al superamento della crisi e, soprattutto, perché non può essere prestatore di ultima istanza. Il prezzo di questo divieto lo stanno pagando in termini di costi sociali, conseguenti alle politiche del rigore, la maggior parte dei paesi periferici dell'Unione monetaria europea, anche per l'elevato cambio dell'euro. In Italia, per esempio, i vantaggi della diminuzione dello spread in termini di Pil nel 2013, lo 0,1%, sono stati annullati dalla sopravvalutazione della moneta unica, che ha ridotto il nostro reddito nazionale dello 0,4%. La iniziale proposta di Matteo Renzi di scorporare dal 3% del rapporto deficit/Pil gli investimenti a favore della crescita – poi rientrata al suo primo Consiglio europeo per l'opposizione di Barroso – è perciò condivisibile, non solo perché è stata dimostrata la inconsistenza scientifica di questo parametro, al pari del rapporto debito/Pil al 60%, ma anche perché, sotto il profilo più squisitamente politico, tale scorporo è stato sostenuto prima da Prodi e Berlusconi e poi condiviso da esponenti del governo Letta. Recentemente, la proposta è stata reiterata dagli industriali di BusinessEurope, anche a causa del forte calo degli investimenti esteri nell'Unione europea durante la crisi: il 42% tra il 2007 e il 2015, calo che in Italia ha raggiunto il 52%[30].

30. Renzi definì "anacronistico" il parametro deficit/Pil, cfr. "Il Sole-24 Ore", 10 marzo 2014. Sulla lettera inviata a Juncker dagli industriali di BusinessEurope, cfr. "Il Sole-24 Ore", 1 marzo 2017.

2.7
I PARAMETRI DEL RIGORE: 3% INVENTATO, 60% SBAGLIATO

Su circa 200 nazioni esistenti al mondo, solo le poche appartenenti all'Unione monetaria europea si sono date parametri tanto stringenti quanto errati. Invertendo l'ordine dei fattori, potremmo chiederci come mai circa 180 Stati, la maggioranza dei quali fanno parte delle aree del mondo che più crescono e che meglio hanno superato la crisi, non abbiano adottato regole simili. O, ancora, perché l'eurozona, rispetto ad esse, registri più bassi livelli di reddito, più alti tassi di disoccupazione, una accentuata recessione ed una pericolosa deflazione. Ma quali sono i criteri ispiratori dei limiti dei rapporti deficit/Pil al 3% e debito/Pil al 60%? E, soprattutto, chi sono gli economisti che li hanno teorizzati?

Il parametro deficit/Pil al 3%, prima dell'introduzione della moneta unica, era attribuito al valore della cosiddetta *Golden rule of public finance*, che prevedeva che esso non dovesse superare la spesa di investimento che si aggirava, in numerosi paesi, intorno a tale percentuale; o ispirato al valore di riferimento dell'ex Repubblica federale tedesca o, ancora, alla soglia fissata per finanziare in deficit un livello di debito pubblico del 60% del Pil, a un tasso di interesse del 5%. Questo ultimo paradigma, però, implica il pareggio di bilancio al netto degli interessi e perciò è in contrasto con gli obiettivi di medio termine dello stesso Patto di stabilità e crescita.

D'altronde, lo stesso Rapporto Delors, che come abbiamo notato era a fondamento del Trattato di Maastricht, imponeva solo «limiti massimi agli effettivi deficit di bilancio», senza quantificarli.

Grazie al quotidiano francese "Aujourd'hui", si è scoperto come è nato, e come sia stato fatto proprio dai tecnocrati di Bruxelles, il limite del 3% del rapporto deficit/Pil. A inventarlo fu Guy Abeille, funzionario del dipartimento del bilancio al Ministero delle Finanze all'epoca del presidente della Repubblica François Mitterrand. Il parametro fu stabilito «senza alcuna riflessione teorica. Mitterrand – ha ricordato Abeille – aveva bisogno di una regola facile da opporre ai ministri che si presentavano nel suo ufficio a chiedere denaro [...] Avevamo necessità di qualcosa di semplice». Poiché agli inizi degli anni '80, in Francia il deficit era del 2,6% del Pil «proporre l'1% sarebbe [stato] troppo difficile e irraggiungibile», mentre il 2% avrebbe messo «il governo sotto eccessiva pressione» e così si arrivò al 3%. «Tre per cento? È un buon numero, un numero storico che fa pensare alla Trinità.» Non a caso, anche Hans Tietmeyer, ex presidente della Bundesbank, riconosceva che si trattava di un parametro «economicamente difficile da spiegare». Ciò che più colpisce, come sottolinea "Aujourd'hui", è che i tecnocrati di Bruxelles si sono ispirati al 3% anche per creare, recentemente, «un'altra regola altrettanto falsamente cartesiana: il limite di deficit strutturale degli Stati allo 0,5%». E si chiede: «Perché non l'1 o il 2%? Nessuno lo sa»[31].

Su questi postulati non mancarono proposte di modifica. L'*European Economic Advisory Group* sostenne di differenziare il vincolo di bilancio in riferimento alla dimensione del debito dei diversi paesi. Altri studiosi ritenevano necessaria una certa flessibilità del deficit in ragione del tasso di sviluppo economico di ciscuna nazione, e l'elenco potrebbe continuare[32]. A tutt'oggi, però, nulla è cambiato, soprattutto l'ostinazione dell'eurotecnocrazia.

Il limite del rapporto debito/Pil al 60% trova riferimento scientifico nell'ambito di quella che fu definita, negli anni '90 del Novecento, l'austerità espansiva, ormai parte del *mainstream* dominante del modello neoclassico del mercato. Secondo la teoria delle aspettative, la riduzione del debito sovrano dovuta a consolidamenti fiscali attraverso tagli alla spesa pubblica tende a stimolare la crescita, perché i tagli vengono percepiti come segnali di un futuro abbassamento delle imposte e, perciò, come un più elevato reddito atteso, per cui i consumatori tenderanno ad aumentare la domanda. La recente crisi ha mostrato che l'austerità espansiva è stata, invece, recessiva. Proprio il Fondo monetario internazionale, all'inizio il più strenuo sostenitore del rigore all'interno della Troika, ha dovuto rilevare che i moltiplicatori fiscali durante la recessione sono stati maggiori rispetto agli anni precedenti: 1,5 invece di 0,5; significa che

31. Cfr. G. Di Taranto, *Ragioni liberali per criticare certi eccessi dell'austerity*, in "Il Foglio", 16 novembre 2012; V. Lops, *Parla l'inventore della formula del 3% sul deficit/Pil: "Parametro deciso in meno di un'ora, senza basi teoriche"*, in "Il Sole-24 Ore", 29 gennaio 2014.

32. G. Magnifico, *Euro*, cit., p. 239.

una contrazione fiscale di un euro ha causato un impatto recessivo di 1,5 euro invece che di 0,5 come stimato dagli stessi teorici dell'austerità espansiva[33].

La correlazione negativa tra debito e crescita è stata recentemente ripresa e sostenuta da Carmen Reinhart e Kenneth Rogoff, noti studiosi dell'Università di Harvard. Sulla base di verifiche empiriche, essi hanno mostrato che nel lungo periodo i paesi con debito sovrano elevato, oltre il 90% del Pil e dunque maggiore rispetto al più restrittivo parametro del 60% introdotto nei trattati e nei regolamenti europei, registrano una crescita negativa. Questo studio è stato preso a giustificazione scientifica dell'adozione delle politiche rigoriste nell'eurozona e del rientro dei debiti sovrani dei diversi paesi entro il 60% del Pil, anche attraverso il *Fiscal compact* e il principio del pareggio di bilancio in Costituzione.

Ebbene, lo studio relativo a questa correlazione contiene errori nel foglio Excel, come hanno evidenziato ricercatori dell'Università del Massachusetts e riconosciuto gli stessi autori. Inoltre, è stato dimostrato che non esiste un "effetto soglia", per esempio un limite quantificabile nel 60%, e che non vi è un nesso causale diretto tra debito e crescita. Infine, che le conseguenze variano a seconda dei paesi, mentre le ricerche empiriche – quali sono le indagini di Carmen Reinhart e Kenneth Rogoff – *impongono* che le relazioni tra debito e crescita siano uguali in ogni contesto. «L'ipotesi può potenzialmente portare a risultati fuorvianti e studi che usano tecniche statistiche che *non la impongono* mettono in dubbio la presenza di una relazione negativa tra debito e crescita nei paesi avanzati.»[34]

33. Economia e Politica: http://www.economiaepolitica.it/index.php/primo-piano/lausterita-espansiva-e-i-numeri-sbagliati-di-reinhart-e-rogoff/. Per l'Italia, G. Pisauro, *Il risanamento dei conti pubblici*, in "Economia italiana", n. 1, 2012, pp. 37-61. IMF, *World Economic and Financial Surveys. Fiscal Monitor*, October 2012, pp. 53 ss.

34. U. Panizza, A. F. Presbitero, *Quel nesso da dimostrare tra debito e crescita*, lavoce.info, 20 aprile 2013. C. Reinhart, K. Rogoff, *Growth in a Time of Debt*, in "American Economic Review", vol. 100, n. 2, 2010, pp. 573-578. T. Herndon, M. Ash, R. Pollin, *Does High Public Debt Consistently Stifle Economic Growth? A Critique of Reinhart and Rogoff*, PERI Working paper n. 322. Il testo completo è disponibile all'indirizzo: http://www.economiaepolitica.it/index.php/primo-piano/lausterita-espansiva-e-i-numeri-sbagliati-di-reinhart-e-rogoff/#.UoCR6ah_uRZ.

2.8
QUEI PREMI NOBEL? TUTTI RACCOMANDATI!

L'inadeguatezza del Trattato di Maastricht e dei parametri che esso imponeva non era sfuggita a illustri economisti e a non pochi premi Nobel per l'economia, che temevano che le rigidità e il rigore fiscale – poi ribaditi dal Patto di stabilità e crescita e recentemente dal *Fiscal compact* e dall'inserimento del pareggio di bilancio in Costituzione – avrebbero rappresentato un forte vincolo allo sviluppo. Dal 1993 in poi, premi Nobel quali Franco Modigliani, Paul Samuelson e Robert Solow e altri importanti studiosi, quali Olivier Blanchard, hanno ripetutamente consigliato di abbandonare il progetto della moneta unica per perseguire l'obiettivo di un maggiore livello occupazionale, in sintonia con la teoria delle aree monetarie ottimali di Robert Mundell, premio Nobel per l'economia nel 1999, che individuava nella bassa mobilità del lavoro il vincolo maggiore alla creazione di regioni geografiche a moneta comune, in uno con la rigidità dei prezzi e dei trasferimenti finanziari pubblici alle aree più povere, sotto forma di sostegno alla competitività.

Nel 1998, anno di nascita della Banca centrale europea, alcuni di questi economisti sottoscrissero, con altri di livello internazionale quali Jean-Paul Fitoussi e Dennis Snower, un *Manifesto contro la disoccupazione nell'Unione europea*.

L'approccio politico ai temi del lavoro nell'Ue assumeva la disoccupazione come un problema da risolvere all'interno di ciascuna nazione, senza un esplicito coordinamento delle politiche tra gli Stati, «nonostante il fatto che con l'ingresso nel sistema dell'euro – essi sottolineavano – i paesi membri rinuncino alla possibilità di adottare una politica autonoma di gestione della domanda, sia monetaria sia fiscale, ed entrino in concorrenza serrata tra di loro sulle politiche dell'offerta». A giudizio degli autori del *Manifesto*, la soluzione alla stagnazione – in termini di crescita e di occupazione causata al fine del raggiungimento dei parametri di convergenza – andava individuata in un'interpretazione più ampia e costruttiva della normativa che definiva il ruolo della Banca centrale europea, normativa all'epoca largamente condivisa e oggi criticata per i limiti che il suo statuto le impone. La Bce, scrivevano nel *Manifesto*, ha un solo obiettivo inderogabile: la lotta all'inflazione. «Noi sollecitiamo un ampliamento radicale di questa interpretazione che, al pari della normativa relativa alla Federal Reserve statunitense, comprenda almeno un altro obiettivo al quale attribuire lo stesso rilievo: tenere la disoccupazione sotto controllo. Siamo convinti che la Bce possa svolgere tale compito senza rinunciare al proprio impegno sul fronte dell'inflazione [...]. Riteniamo che concentrarsi su una lotta concorrenziale con il dollaro, combattuta attraverso una escalation dei tassi d'interesse, rappresenti per la Bce un errore gravissimo, che andrebbe a scapito della ripresa economica.»[35]

È sorprendente che, oltre ai Manifesti citati che si ispiravano alla teoria keynesiana, un altro prestigioso premio Nobel per l'economia, Milton Friedman, padre del paradigma monetarista i cui principi erano stati in buona parte recepiti del Trattato di Maastricht, già nel 1997 criticò veementemente la futura introduzione della moneta unica. «Una valuta comune – egli scriveva – è un eccellente strumento monetario a certe condizioni, molto meno in altre. Che sia buono o cattivo dipende primariamente dai meccanismi di aggiustamento disponibili per assorbire gli shock economici e le dislocazioni che possono colpire le diverse entità parte di una valuta comune. I tassi di cambio flessibili rappresentano potenti meccanismi di aggiustamento nei casi sopra descritti e dunque bisogna riflettere bene prima di scegliere soluzioni alternative.» Dopo aver dimostrato che negli Stati Uniti esiste un contesto favorevole per la moneta comune, anche perché prezzi e salari sono flessibili e la politica fiscale registra differenze minime tra i diversi Stati federali, se paragonata a quella comune nazionale, Friedman sostiene che, viceversa, l'Unione europea esemplifica una situazione che è sfavorevole all'euro. Anzitutto, perché «la regolamentazione del mercato del lavoro e delle politiche industriali sono molto più estese che negli Stati Uniti e si differenziano da paese a paese più di quanto avvenga in America» e, soprattutto, perché «i salari e i prezzi sono più rigidi e il lavoro meno mobile. In simili circostanze, come anticipato, i tassi di cambio flessibili si rivelano meccanismi di aggiustamento estremamente utili [...] La spinta per l'euro è stata motivata dalla politica, non dall'economia. L'obiettivo è stato quello di avvicinare Germania e Francia per fare dell'Europa del futuro un luogo dove la guerra fosse

35. F. Modigliani, J.-P. Fitoussi, B. Moro, D. Snower, R. Solow, A. Steinherr, P. Sylos Labini e altri, *Manifesto contro la disoccupazione nell'Unione europea*, in "Moneta e Credito", v. LI, n. 203, settembre 1998, p. 383. Sul Manifesto di Giersch, cfr. B. Jossa, *La moneta unica*, cit., p. 85. G. Di Taranto, *L'Europa tradita. Dall'economia di mercato all'economia del profitto*, in F. Capriglione (a cura di), *La nuova disciplina*, cit., pp. 39 ss.

impossibile e per preparare il terreno agli Stati Uniti federali d'Europa. Credo che l'adozione dell'euro avrebbe l'effetto opposto. Acuirebbe le tensioni tra gli Stati membri, trasformando in questioni politiche laceranti tutti gli shock economici convergenti, che potrebbero invece essere risolti facilmente mediante l'accomodamento dei tassi di cambio. L'unione politica può preparare la strada all'unione monetaria, ma l'unione monetaria imposta a condizioni sfavorevoli si rivelerebbe un ostacolo al raggiungimento dell'unità politica». E sin dal 1997 prevedeva che «un sottogruppo di paesi, Germania, Benelux e Austria, erano più vicini a soddisfare le condizioni favorevoli per una valuta comune rispetto all'Ue nel suo complesso»[36].

Queste osservazioni mostrano tutta la loro validità e attualità, ma non sono le sole. Già negli anni '80, studiosi della scuola di Public Choice, il cui più importante esponente era James Buchanan – premio Nobel nel 1986 e le cui concettualizzazioni erano state preparate nell'ambito della scuola neoclassica e in termini antikeynesiani – denunciavano i rischi per l'integrazione europea rappresentati da gruppi di potere interessati ad ottenere consistenti sussidi e dall'atteggiamento dei politici «nel favorire fusioni e cooperazioni a livello nazionale e internazionale per accrescere il grado di monopolio del mercato europeo»[37].

Perché le critiche dei premi Nobel per l'economia all'introduzione della moneta unica restarono inascoltate?

La principale critica rivolta alla scuola keynesiana, di cui erano esponenti molti dei Nobel citati, era di aver distrutto la *old time fiscal religion*, cioè quell'insieme di norme anche non scritte che vigeva nella cultura politica ed economica prima della *Teoria generale dell'occupazione, dell'interesse e della moneta* e che «predicava il pareggio di bilancio formulando una stretta analogia tra comportamento dello Stato e comportamento della famiglia»[38].

Il mercato, attraverso la globalizzazione, ha portato cambiamenti visibili nell'organizzazione spaziale della produzione. Agglomerati di imprese, grazie a *spillover* di conoscenza, *forward* e *backward linkages*, diffusione

36. www. project-syndicate.org/*The Euro: Monetary Unity To Political Disunity?*, Aug. 28, 1997, riportato in "Critica Sociale", a. CXXII, n. 6, 2013.

37. M. Arcelli, *La vocazione internazionale dell'economia*, in *Il problema del nazionalismo*, "Quaderni dell'Istituto Accademico di Roma", Japadre, Roma 1992, pp. 63-64.

38. A. Fineschi, *L'Europa dei "mercanti" e l'Europa dei politici*, in "Studi e Note di Economia", n. 1, 2004, p. 12.

di reti, e così via, sono collocati in aree diverse e ciò provoca un aumento della concentrazione territoriale e una dispersione a livello globale, permettendo ai grandi gruppi industriali di assumere forme sempre più decentrate secondo un modello *local but global*. L'Unione europea ha assunto un ruolo fondamentale nell'agevolare, sotto il profilo finanziario e della delocalizzazione del fattore lavoro, questi processi tipici della globalizzazione, proprio grazie a quella *old time fiscal religion*, d'ispirazione neoclassica, che ne ha caratterizzato la costituzione e la sua evoluzione a tutt'oggi.

La politica economica dell'Unione europea, come ha scritto Augusto Graziani, ha perseguito da una parte l'obiettivo della liberalizzazione e dall'altra del rigore monetario e «ciò è stato fatto anche per consentire alle grandi imprese multinazionali di riorganizzarsi e di sfruttare pienamente le economie di costo e le possibilità di finanziamento ovunque esse si trovino», nonché, di poter ottenere capitali nei mercati più vantaggiosi senza che i governi attingano alla finanza disponibile per coprire i loro disavanzi[39]. Per consentire alla grande impresa di attuare la propria strategia, i bilanci pubblici devono essere in pareggio ed è necessario ridimensionare la loro presenza nei mercati finanziari. L'allargamento a Est dell'Unione, poi, è stato un ulteriore contributo al processo di delocalizzazione del fattore lavoro. In tal senso, la globalizzazione trova nell'Unione europea la sua estensione dalla ricchezza alla povertà.

Ai vantaggi offerti agli interessi delle multinazionali, che a livello mondiale contavano già intorno alla metà del primo decennio di questo secolo tra il 70 ed il 90% dei lavoratori fuori dal paese di origine, si contrappongono gli svantaggi che i consumatori subiscono dalla moneta unica. Questa non permette, infatti, quei meccanismi di riequilibrio tipici di un sistema concorrenziale, che mostra ancora una volta di essere solo una enunciazione di principio, quando si verificano condizioni di instabilità nei conti con l'estero, come oggi accade tra la Germania e i paesi periferici dell'Unione. Rispetto alla moneta unica e a prezzi e tassi d'interessi rigidi, nell'eurozona le nazioni economicamente più deboli hanno un unico strumento di politica economica possibile: la deflazione, i cui effetti negativi sui tassi di occupazione sono mascherati dalle nuove forma di flessibilità del lavoro, strumentali alle altrettanto nuove forme di organizzazione aziendale, quali le "società senza fabbrica" dove un net-

39. A. Graziani, *L'economia italiana*, cit., p. 177.

work rappresenta il core business, con intorno una serie di subcontraenti, e tutta la produzione è trasferita in *outsourcing*[40].

Prima dello scoppio della crisi dei *subprime*, la Banca d'Italia, nel 2005, ha mostrato che nel nostro paese le imprese manifatturiere con più di 50 addetti, che hanno attuato politiche di *outsourcing*, ne occupano il 77% del totale all'estero, mentre nel settore tessile si è giunti ad oltre il 150%. Nell'Unione europea, inoltre, l'internazionalizzazione dell'economia tende a ridurre la competitività delle piccole imprese, la loro capacità di penetrazione sul mercato (-7,8%) e, conseguentemente, la quota di valore aggiunto per occupato (-15,4%), a differenza di quelle di grandi dimensioni, che registrano, rispetto al processo di integrazione, un accelerato incremento degli indici indicati, rispettivamente del 9,5% e del 4,5%[41].

Sempre alle soglie della crisi, Guido Rossi ha mostrato che se si sommano i Pil di tutti gli Stati del mondo, escludendo solo i nove maggiori, il risultato è una cifra inferiore al valore aggregato delle vendite annuali delle prime 200 società. La Daimler-Chrysler era maggiore della Norvegia: la General Motors della Danimarca, mentre la Ford dell'economia del Sudafrica. I grandi gruppi internazionali rappresentano, di fatto, un sistema di scambio parallelo, in grado di porsi al di fuori o al di sopra sia del mercato sia della legge. «Il fenomeno di concorrenza dei mercati finanziari da parte dei sistemi di scambi organizzati da banche e intermediari al proprio interno è solo un esempio particolarmente vistoso di come le società possono assumere direttamente il controllo e la gestione dell'unico istituto su cui dovrebbe fondarsi un'economia liberale: il mercato»[42].

40. G. Di Taranto, *L'Europa tradita*, cit., p. 146.

41. L'indagine è stata elaborata per l'Unione europea, relativamente, dalla Fondazione Nord Est su dati tratti da *Sme's in Europe 2003*, *Observatory of European*, *Sme's, 2002-2003* (cfr. D. Marini, *Pmi: piccole oggi, grandi domani*, in "Il Sole-24 Ore", 19 novembre 2004). Sono stati considerati 19 paesi: i 15 prima dell'allargamento, i 3 dell'area economica, Norvegia, Liechtenstein, Islanda, e, inoltre, la Svizzera.

42. G. Rossi, *Il mercato d'azzardo*, Adelphi, Milano 2008, p. 17.

3
Il fattore P

Sommario

3.1 Partecipazione o populismo? – 3.2 Le ragioni del populismo

3.1
PARTECIPAZIONE O POPULISMO?

L'architettura istituzionale dell'Unione monetaria europea ha costantemente e progressivamente privilegiato il rigore rispetto alla crescita, avvantaggiando, non a caso, alcune nazioni rispetto ad altre.

Il Trattato di Maastricht, infatti, era il prodotto di un accordo tra il presidente francese Mitterrand, che puntava a limitare l'espansione economica della Germania attraverso uno stretto controllo del cambio, gestito da quest'ultima con una sapiente politica di compensazione tra surplus della bilancia commerciale ed esportazione di capitali, e il cancelliere Kohl, che voleva accelerare l'unificazione tedesca all'indomani della caduta del Muro di Berlino. Col Trattato di Maastricht, la Germania sacrificò alla Francia quelli che sono stati definiti «i suoi gioielli più preziosi», il marco e la politica monetaria della Bundesbank, ma ottenne che la Bce avesse uno statuto improntato ai principi e alle regole rigoriste della sua banca centrale[1]. Ciononostante, anche autorevoli esponenti della Bundesbank sottolinearono che l'accordo raggiunto a Maastricht richiedeva una più attenta precisazione dei contenuti, a conferma che le difficoltà da superare per giungere alla realizzazione dell'Unione monetaria europea sarebbero state di non poco conto. Alla sua ratifica, inoltre, il primo ministro inglese era assente e, come è noto, la Gran Bretagna non aderirà all'euro.

1. Editoriale, *Italia kaputt mundi*, in "Limes", n. 6 (*La guerra dell'euro*), 2011, pp. 17-19.

Nei numerosi paesi dove il Trattato fu sottoposto a referendum popolare, i cittadini mostrarono scarso entusiasmo per il progetto europeo. La Norvegia rifiutò di partecipare; la Danimarca, al secondo referendum, dopo il risultato negativo del primo, ottenne deroghe sulla moneta unica, sulla politica sociale e sulla difesa; al pari della Svezia, dove il Trattato fu approvato con il 53% dei voti e con appena il 51% in Francia[2]. Quest'ultimo risultato è particolarmente significativo, sia perché esprimeva la volontà popolare di una nazione che, a livello politico, era stata tra i maggiori sostenitori della moneta unica, sia perché molti anni dopo, al referendum sulla Costituzione europea del 2005, i francesi, al pari degli olandesi, votarono "no". Nel 1992, i cittadini europei esprimevano la loro volontà sul progetto e, forse, su una speranza; nel 2005, su una realtà ormai consolidata e che già mostrava non poche criticità.

In quel risultato il "Financial Times", che titolò *Stop lying about the European Union*, intravide «la rivolta del popolo contro troppi anni di bugie sull'Europa dettegli da chi la governa»[3]. D'altronde, già dal 1994, in un suggestivo documento stilato da Wolfgang Schäuble e Karl Lamers si sottolineava che il progressivo allargamento dell'Europa ne avrebbe rallentato l'integrazione, accentuato la divergenza degli interessi e incentivato un «nazionalismo regressivo»[4] in non pochi paesi, come ha dimostrato, proprio in Francia, il recente successo di Marine Le Pen.

Quanto esposto dovrebbe far riflettere se l'accusa di populismo – invece che il riconoscimento dell'affermazione di volontà popolare – non sia il riflesso di un deficit di democrazia.

Populismo, nell'accezione etimologica di Alfonso Berardinelli, riconduce al popolo, alle sue qualità e ai suoi diritti prioritari e non alle élite intellettuali e politiche, «ma il popolo oggi – egli nota – è un'incognita, perché nella sua composizione sociale c'è ormai una miriade di categorie spaventate e litigiose. A unirle c'è la paura dell'impoverimento e del declassamento»[5]. A conferma, basti ricordare che nell'Unione europea oltre

2. A. Graziani, *Lo sviluppo*, cit., p. 170.

3. T. Padoa Schioppa, *Europa in pazienza attiva. Malinconia e riscatto del vecchio continente*, Rizzoli, Milano 2006, p. 33. Editoriale, *Italia kaputt mundi*, cit., p. 18.

4. Editoriale, *Italia kaputt mundi*, cit., pp. 17-19.

5. Riportato in G. Di Taranto, *Le euro élite scioglierebbero il popolo per eleggerne un altro,* in "Il Foglio", 22 gennaio 2013.

120 milioni di cittadini sono a rischio di povertà e di esclusione sociale e che a una minore coesione politica si contrappone una sempre maggiore frammentazione partitica. Eppure, in un volume di Mario Monti e Sylvie Goulard si legge: «Checché ne dicano i populisti, il compito dei governi non è quello di seguire ciecamente le pulsioni del popolo» perché, come scriveva Alexander Hamilton, «quando i veri interessi del popolo sono contrari ai suoi desideri, il dovere di quelli che esso ha preposto alla guida dei suoi interessi è di combattere l'errore di cui esso è momentaneamente vittima, per dargli il tempo di riconoscersi e di vedere le cose con sangue freddo»[6]. Queste osservazioni conducono gli autori alla conclusione che «l'atteggiamento che consiste nello sparare a zero sulla burocrazia di Bruxelles non è soltanto sbagliato, poiché quest'ultima si rivela generalmente più utile e più parca di quanto si tenda ad ammettere, ma è soprattutto sterile, poiché incapace di elaborare proposte all'altezza delle sfide del momento»[7].

L'ex presidente del Consiglio Monti, insieme al presidente del Consiglio europeo, Van Rompuy, nel settembre 2012 propose di tenere a Roma un vertice straordinario sul tema, che rilanciava le preoccupazioni della cancelliera Angela Merkel, perché in una fase in cui si sperava di completare l'integrazione, si stava determinando, invece, un pericoloso fenomeno opposto «con molti populismi che mirano alla dis-integrazione»[8]. Secondo Jordi Vaquer, che su "El País" ha scritto un editoriale intitolato *L'euroscetticismo ringrazia i tecnocrati*[9], Monti ha incarnato un nuovo tipo di potere burocratico, che spinge al limite i meccanismi politici degli Stati membri destinati a sostituire i rappresentanti eletti quando essi non siano in grado di assicurare la credibilità del governo per "fare riforme e tagliare le spese", nei tempi decisi dall'Unione europea, dalla Bce e da Berlino[10].

A mio avviso, l'*eurodemocrazia* non può e non deve mai essere sostituita dall'*euroburocrazia*, in particolare quando questa impone ai citta-

6. A. Hamilton, *Federalist Paper* n. 71. Citato in S. Goulard, M. Monti, *La democrazia in Europa. Guardare lontano*, Rizzoli 2012, p. 38.

7. S. Goulard, M. Monti, *La democrazia in Europa*, cit., pp. 38-39.

8. Mario Monti al Workshop di Cernobbio, l'8 settembre 2012 (www.youtube.com/watch?v=a7iRopndDTE).

9. Pubblicato il 12 settembre 2012 (http://www.presseurop.eu/it/content/article/2679361-l-euroscetticismo-ringrazia-i-tecnocrati).

10. G. Di Taranto, *Le euro élite*, cit.

dini sacrifici al limite della sostenibilità e, come ha sottolineato la stessa Commissione europea, ne aumenta la disuguaglianza sociale a causa del potenziale incremento della povertà. Wolfgang Munchau, sul "Financial Times", non se la prendeva, infatti, con le élite in sé ma con le élite che sbagliano e non possono essere sostituite, come più volte è accaduto recentemente in Italia dove si è preferito non ricorrere alle elezioni. Per utilizzare le parole di Erik Jones, la tecnocrazia senza élite è persa, ma la selezione delle stesse deve farla la politica[11].

Il punto è che né l'euroscetticismo né l'eurottimismo possono essere accettati solo in via di principio come dogma, senza il coinvolgimento delle popolazioni che devono vivere quotidianamente, nel bene e nel male, vincoli e opportunità della moneta unica[12]. Lo ha compreso la Germania, che ne ha ottenuto i maggiori vantaggi; deve comprenderlo la classe politica del nostro paese, dove l'articolo 75 della Costituzione recita che «non è ammesso il referendum per le leggi tributarie e di bilancio, di amnistia e di indulto, di autorizzazione a ratificare trattati internazionali». Proprio quest'ultimo divieto limita il diritto di rappresentatività dei cittadini, che non possono votare su temi che incidono sempre più sulla loro condizione economica, quali i Trattati dell'Unione europea. Essi ne sopportano i sacrifici senza mai aver potuto partecipare democraticamente con il loro voto a scelte condivise. Divieto che appare del tutto inadeguato, oggi, per la nostra partecipazione all'Unione monetaria europea, cioè all'adozione dell'euro quale moneta unica. La maggior parte delle leggi approvate dal nostro Parlamento, infatti, altro non è che la ratifica di regolamenti europei e, punto che appare ancora più critico, abbiamo accettato di cambiare la Costituzione per inserirvi il pareggio di bilancio, come proposto e imposto dalla Merkel.

È interessante ricordare che alcuni premi Nobel per l'economia, in via di principio, si erano espressi negativamente sull'applicazione del pareggio di bilancio negli Stati Uniti, nonostante le maglie della giurisprudenza lascino non pochi margini di operatività a riguardo. Nell'estate del 2011, un anno prima che il Consiglio dei ministri desse il via anche in Italia al lungo iter legislativo per disporre di questo ulteriore strumento per la riduzione del debito pubblico, Arrow, Diamond, Sharpe, Schultze,

11. Ibidem.

12. G. Di Taranto, *Eurosciatterie*, in "Il Foglio", 18 agosto 2012.

Blinder, Maskin, Solow e Tyson fecero un appello al presidente Obama. A loro giudizio, «qualunque proposta volta a emendare la Costituzione degli Stati Uniti inserendo un vincolo in materia di pareggio di bilancio rappresenterebbe una scelta politica estremamente improvvida»[13]. Essa, infatti, avrebbe effetti perversi in caso di recessione, diminuendo il gettito fiscale e incrementando le spese per gli ammortizzatori sociali che, pur facendo aumentare il deficit, limitano la contrazione del reddito disponibile e del potere di acquisto. Anche in fasi di espansione dell'economia, un tetto obbligatorio alla spesa può danneggiare la crescita, perché l'aumento degli investimenti a elevata remunerazione, compresi quelli interamente finanziati dal maggiore gettito, sarebbe ritenuto teoricamente incostituzionale se non controbilanciato da riduzioni della spesa di pari importo. Per raggiungere l'obiettivo del pareggio di bilancio, essi concludevano, non è necessario un emendamento costituzionale, perché nessun paese ostacola la propria crescita con questo vincolo: «Non c'è alcuna necessità di mettere una camicia di forza all'economia. I grossi tagli di spesa e/o gli incrementi della pressione fiscale necessari per raggiungere questo scopo danneggerebbero la ripresa già di per sé debole»[14].

In Italia, il vincolo del pareggio di bilancio, attraverso la modifica dell'articolo 81 della Carta costituzionale, fu proposto da Tremonti l'11 agosto del 2011, nel corso dell'informativa alle Camere in seduta congiunta in previsione della manovra economica e dopo aver ricevuto la lettera d'intenti della Bce; a metà agosto, nel pieno della crisi delle Borse, Merkel e Sarkozy ne chiesero l'applicazione a tutti i paesi dell'eurozona. È singolare che proprio in Germania il pareggio fu approvato sin dal giugno 2009, ma era previsto che andasse in vigore dal 2016 e per i Länder dal 2020, e che la Merkel si opponesse, invece, a una concreta governance dell'Unione monetaria, in grado di "europeizzare" il rischio del debito pubblico attraverso l'emissione degli EuroUnionBond, proposti da Romano Prodi e Alberto Quadrio Curzio[15]. Emissione agevolata dalla

13. K. Arrow, A. Blinder, P. Diamond, E. Maskin, C. Schultze, W. Sharpe, R. Solow, L. Tyson, Lettera al Presidente degli Stati Uniti Barack Obama, 28 luglio 2011 (testo integrale reperibile su http://www.cbpp.org/files/7-19-11bud-pr-sig.pdf).

14. G. Di Taranto, *Ma l'austerità nella Carta può frenare la crescita*, in "Il Sole-24 Ore", 14 settembre 2011.

15. "Il Sole-24 Ore", 23 agosto, 2011.

decisione della Corte costituzionale tedesca che, all'epoca, giudicò legali gli acquisti di titoli pubblici, sul mercato secondario, di Italia e Spagna da parte della Bce, e che certamente ridusse anche i rischi elettorali della cancelliera.

3.2
LE RAGIONI DEL POPULISMO

Se il populismo nasce dal malcontento e dal peggioramento dello *standard of life* di parte dei cittadini europei, è necessario migliorarne le condizioni di vita e di benessere sostituendo la crescita al rigore, ma anche fare chiarezza su alcuni temi e problemi che sono stati presentati solo come percepiti, mentre, nella realtà, ne rendevano sempre meno sostenibile la quotidianità.

All'indomani della introduzione della moneta unica si sosteneva che il costo della vita, nell'Unione monetaria europea, non fosse aumentato. Nel gennaio del 2004 un'indagine condotta da Sofres[16] per il settimanale "Le Nouvel Observateur" dimostrò che il 95% dei francesi era convinto che l'introduzione dell'euro avesse causato un forte aumento dei prezzi, nonostante l'Istituto nazionale di statistica (Insee) sostenesse che il tasso d'inflazione era contenuto al di sotto del 2% e di questo solo lo 0,2% era effetto dell'introduzione della moneta unica. La stessa Banca di Francia rilevava che vi erano stati effettivamente degli aumenti nel settore dei servizi e dei beni di uso quotidiano per arrotondamenti consistenti dei prezzi, in particolare per i prodotti alimentari di largo consumo. Per i beni durevoli (elettrodomestici, televisori, computer e altri), il cui acquisto viene effettuato una tantum, si registrava, ma già da tempo, una lieve riduzione dei listini. In conclusione, il 56% dei francesi sosteneva che l'euro aveva avuto conseguenze dirette sul loro livello di vita; il 50%, sull'occupazione e il 45% sulla crescita economica. Un'altra ricerca, commissionata al Bureau d'Information et de prévision économique dal gruppo Leclerc, era giunta alla conclusione che nel 2003 l'inflazione reale subita dalle famiglie francesi era stata del 5,5% invece che del 2,2% – 1,6% se si escludeva il tabacco – come rilevato dall'Istituto nazionale di statistica francese. Ciononostante, le conclusioni del Bureau furono definite

16. *Carton rouge pour l'euro*, in "Le Nouvel Observateur", 12-01-2004 (http://tempsreel.nouvelobs.com/economie/20040106.OBS2116/carton-rouge-pour-l-euro.html).

dal ministro dell'Economia artificiose, demagogiche, false e disoneste. Nello stesso periodo, anche in Germania la Bundesbank dichiarava che il *changeover* tra marco ed euro aveva provocato un incremento dei prezzi di beni e servizi di largo consumo, incremento già annunciato da una indagine sull'inflazione del quotidiano "Bild", che coniò il termine *Teuro*, derivandolo da *teuer*, caro, e da euro. L'aumento dell'1,1% dei prezzi al consumo, nel dicembre 2003, arrivava in piena recessione per la Germania, recessione iniziata circa tre anni prima e che aveva perciò condotto a una forte riduzione dei consumi e dei relativi prezzi[17].

Proprio il 2003 si era chiuso, in Spagna, con un tasso d'inflazione del 2,6 %, ma un'indagine del Ministero dell'Economia dimostrò che la causa più importante dell'aumento dei prezzi dei beni di prima necessità, all'incirca del 4%, era dovuto alla concentrazione delle grandi imprese nel settore della distribuzione. Consistente anche l'aumento dei listini del settore alberghiero e della ristorazione: 3,6%, E ciò, nonostante la cosiddetta legge dei prezzi di riferimento, che permetteva una riduzione del costo di oltre 2000 farmaci, delle bollette del gas naturale, e di altre numerose tariffe, e l'assunto, solo teorico, che l'introduzione della moneta unica avrebbe condotto a una maggiore competitività e a una riduzione dei prezzi[18].

L'Unione monetaria europea diventò un caso di studio per alcuni paesi dell'Est in previsione del loro ingresso, fissato per il primo maggio del 2004. In Lettonia, ad esempio, il prezzo del sale era raddoppiato e i consumatori temevano nuovi rincari dopo quella data. In Polonia si arrivò al razionamento dello zucchero e ad imporre ai negozianti un limite alla vendita di non oltre 10 chilogrammi per ogni cliente. Questo perché il suo prezzo era controllato all'interno dell'Unione europea a 130 euro alla tonnellata, cioè il 20% in più di quello praticato sul mercato polacco, lasciando, perciò, ampi margini a un incremento dei profitti. Fenomeno accentuato dal fatto che nei paesi dell'Est la spesa per generi alimentari rappresentava oltre il 30% del reddito disponibile rispetto al 16% delle più ricche nazioni dell'Unione europea e oscillava, in termini di prezzi,

17. A. Geroni, *Berlino. Aumenti solo all'inizio,* in "Il Sole-24 Ore", 25 gennaio 2004, n. 24, p. 11.

18. M. Coricelli, *A Madrid inflazione sotto controllo*, in "Il Sole-24 Ore", 25 gennaio 2004, n. 24, p. 11.

in un ventaglio compreso dal 18% in meno della Slovenia al 51% in meno della Slovacchia[19].

In Italia, l'aumento dei prezzi diede luogo a una polemica conseguente a una affermazione del presidente del Consiglio, Silvio Berlusconi, secondo il quale la moneta unica ne era stata la causa e «cercare di capire l'impressionante effetto dell'euro sul carovita non significa(va) combattere l'euro, disconoscerne i vantaggi che ci (erano) stati, non (voleva) dire essere euroscettici»[20]. Per Romano Prodi, presidente della Commissione europea di là a qualche mese sostituito da José Manuel Durão Barroso, erano mancati «i controlli: il comitato nazionale e quelli provinciali non (erano) mai stati riuniti. Negli altri paesi (erano) state date indicazioni completamente diverse rispetto all'Italia [...] Senza l'euro il caso Parmalat avrebbe provocato una crisi finanziaria paragonabile a quella dell'Argentina». Gli fece eco Giulio Tremonti chiarendo che «il governo non (aveva) smantellato il comitato ma l'ho (aveva) fatto presiedere da uno dei massimi esperti della finanza, Vito Tanzi», e ribadiva che Prodi avrebbe dovuto aiutare il governo, che aveva chiesto di stampare l'euro di carta. D'altronde, Carlo Azeglio Ciampi, all'epoca presidente della Repubblica, aveva già chiarito che «l'euro è essenziale per la stabilità e la crescita», nonostante ci fosse «gente che ci ha speculato sopra». Fu Gianfranco Fini a spegnere la polemica, sottolineando che «l'euro resta(va) un'opportunità per l'Europa» ma restavano, anche, problemi da risolvere, quali la tutela del risparmio, la tutela del ceto medio, la riforma delle pensioni, che richiedevano un forte dialogo sociale[21].

È interessante notare che all'epoca, gennaio 2004, il presidente dell'Istat era il professor Luigi Biggeri, nominato nel marzo 2001 dal governo di centrosinistra presieduto da Giuliano Amato nell'ultimo Consiglio dei ministri prima delle elezioni politiche del 13 maggio. Criticato sia da destra, per il sospetto di aver innalzato le stime della pressione fiscale contenute in 2 finanziarie e per non aver gradito il progetto governativo di

19. A. S., *Polonia, prezzi in tensione prima dell'ingresso nella UE*, in "Il Sole-24 Ore", giovedì 1° aprile 2004, n. 91, p. 9

20. S. Berlusconi, *Discorso per il decennale di Forza Italia*, Roma, 26 gennaio 2004.

21. N. Pecchio, *Euro: il premier frena, Prodi attacca*, in "Il Sole-24 Ore", 25 gennaio 2004, n. 24, p 11.

riforma dell'articolo 18 dello Statuto dei lavoratori, sia da sinistra, per i dati sull'inflazione giudicati troppo ottimisti, le associazioni dei consumatori ne chiesero le dimissioni per alcuni presunti errori sul costo della vita relativi ai mesi di gennaio e di luglio del 2003. Egli, inoltre, in netta contrapposizione con il ministro dell'Economia Giulio Tremonti, secondo il quale il *changeover* tra lira ed euro aveva influito non poco sull'aumento dei prezzi, sosteneva che dalle analisi compiute risultava che «l'effetto euro (era) stato non rilevante per il processo inflazionistico»[22].

Da una elaborazione Ref su dati Istat, apparsa sul "Sole-24 Ore" di martedì 17 febbraio 2004, n. 47, si rileva che nel 2003 i maggiori aumenti rispetto al 2002 si erano avuti per Bancoposta, con il 26,7%, fino ad arrivare, come valore minimo, al 4,6% dei trasporti urbani e passando per il 10,4 dei conti correnti, per il 6,7 dei pedaggi e per il 4,9 delle assicurazioni auto.

All'epoca iniziava anche il dibattito tra politici ed economisti sul declino dell'Italia. Giorgio La Malfa era dell'opinione che la responsabilità della stagnazione e del calo della competitività era della «moneta unica e di un'insensata politica monetaria della Bce, che porterà conseguenze gravi per tutti i paesi dell'Ue. Non è un caso che l'Inghilterra sia l'unico Stato che in Europa va bene» e ricordava che «analogo dibattito si (era) svolto sulle pagine di "Le Monde", sulla tenuta del tessuto imprenditoriale francese»[23].

Nel nostro paese, il cui sistema di calcolo è lo stesso dell'Eurostat, dopo l'introduzione dell'euro, a chi sosteneva che l'inflazione dal 2001 al 2003 in alcuni settori era più che doppia rispetto a quella rilevata dall'Istat, si contrapponevano le certezze che essa era solo percepita e non reale[24]. Eppure, molti istituti di ricerca mostravano che la percezione era pressoché generalizzata, e non solo in Italia. Una attenta analisi Censis-Confcommercio, "Scenari, simboli e luoghi del consumo" dimo-

22. S. Rizzo, *Biggeri, presidente contro tutti. A destra e a sinistra*, in "Corriere della Sera", 19 maggio, 2004, p. 10.

23. M. Galluzzo, *Retorica del declino o rischi? Lite sull'Istat*, in "Corriere della Sera", mercoledì 19 maggio, 2004, p. 10. "Il Sole-24 Ore" di martedì 17 febbraio 2004, n. 47; G. La Malfa, *Europa in pericolo. La crisi dell'euro*, Passigli, Firenze 2012.

24. G. Marini, A. Piergallino, P. Scaramozzino, *Euro e dinamica inflazionistica*, in "Economia italiana", n. 1, 2004.

strò che l'aumento dei prezzi era percepito da oltre l'80% dei consumatori in Francia, in Spagna e in Germania e dal 95% in Italia, mentre in Inghilterra, area fuori dall'euro, solo dal 57,7%. Per il nostro paese, l'Ipsos evidenziò, con "Comprare in recessione", che i percettori di reddito fisso perdevano costantemente potere d'acquisto e per il 40% non erano in grado di risparmiare, per il 17% erano costretti a ricorrere ai risparmi accumulati e per il 7% ad indebitarsi; l'Eurispes insisteva sui livelli più elevati d'inflazione rispetto a quelli ufficiali e nel Rapporto 2008 mostrò che dal 2001 al 2005 si era registrata una inflazione progressiva del 23%. Sempre nel 2008, l'Ires ammonì che il potere di acquisto dei percettori di reddito fisso, compreso il *fiscal drag*, dal 2002 al 2007 era diminuito di poco meno di 1900 euro. Altre ricerche hanno rilevato che dal 2001 al 2012, anche a causa dello scoppio della crisi a partire dal 2008, del blocco delle remunerazioni e nonostante la deflazione, il potere d'acquisto degli italiani si è ridotto del 39,7%.

Nel 2002 l'Istat aveva calcolato che 2,5 milioni di famiglie viveva sotto la soglia di povertà, circa il 11% del totale dei nuclei familiari, e che l'8% era a rischio di povertà. Il Mezzogiorno raggiungeva una percentuale massima del 30% registrata in Calabria.

Nel 2015, i residenti in condizioni di povertà assoluta sono aumentati a poco meno di 5 milioni, di cui circa la metà nel Meridione. Secondo gli ultimi dati dell'Istat, le famiglie senza alcun reddito, cioè quelle dove tutti i componenti attivi sono in cerca di lavoro, sono 1.582.000, rispetto a 1.470.000 del 2014; nel Mezzogiorno sono 744.000. Dal 2008 a dicembre 2016, il tasso di disoccupazione è costantemente aumentato, dal 6,7 al 12%; quello giovanile (15-24 anni) è passato dal 21,3 al 39,2, inferiore solo alla Grecia e alla Spagna, per attestarsi al 37,9% nel gennaio 2017. Sarebbe riduttivo attribuire questa condizione dell'economia alla sola mancanza di riforme, che comunque, in parte, sono state realizzate.

Conclusioni e proposte

Sommario

Europa vincolo esterno? Troppo vincolante – Moneta unica e competitività - Proposte... col senno di poi

EUROPA VINCOLO ESTERNO? TROPPO VINCOLANTE

Rifiutare costantemente le critiche di coloro che non auspicavano la fine dell'Unione monetaria, ma ne chiedevano dei cambiamenti delle regole che si sono rivelate errate mettendone a rischio la stessa sopravvivenza, è stato un errore di cui milioni di cittadini europei stanno pagando le conseguenze in termini di caduta della produzione industriale, di disoccupazione, perdita del potere d'acquisto, riduzione della propensione al risparmio. In proposito, mi piace ricordare che nel 2008 scrivevo che l'Unione europea e il suo principio ispiratore, il mercato, sono considerati dei «totem di sacralità e dei tabù inviolabili dei quali il pur minimo tentativo di confutazione, assai spesso costruttiva, ha il solo scopo che essa non imploda per i suoi stessi meccanismi, o meglio meccanicismi [...] che impongono dei radicali mutamenti, altrimenti apparirà sempre più una costruzione solo burocratica, finalizzata ad interessi particolaristici invece che al benessere e al miglioramento delle condizioni materiali e sociali dei suoi unici protagonisti: i cittadini europei».

A conferma, nel 2012, Jacques Sapir, economista e direttore di studi all'École des hautes études en sciences sociales di Parigi, sottolineava che esiste un tabù dell'euro. La moneta unica ha perso la sua dimensione di strumento, che deve essere giudicato per i suoi effetti, «per diventare un vero e proprio feticcio nel senso religioso del termine. L'euro è la religione del nuovo secolo, con i suoi falsi profeti dalle false profezie continuamente smentite, con i suoi sommi sacerdoti sempre pronti a lanciare una scomunica non potendo accendere roghi [...] Comunque, mai e poi mai abbiamo sentito una valutazione onesta di ciò che ci ha portato l'euro, [...] divenuto il simbolo del crepuscolo della ragione politica ed economica, un presupposto sufficiente che giustifica il silenzio su tutti gli altri problemi»[1].

Nel 2014, il rapporto debito/Pil, nell'eurozona, ha raggiunto il suo massimo storico: il 92%, il dato più alto registrato dal 1995, similmente all'intera Unione europea, dove ha toccato l'86,7%. In Italia, il deficit è al 2,3% del Pil, ma il debito si è incrementato dal 132,3% del 2015 al 132,8% del 2016, il più alto dopo quello della Grecia (181,6%).

Questo significa che nell'eurozona, diversamente dal rapporto deficit/Pil che è leggermente diminuito ma che ha carattere congiunturale e non strutturale come il debito/Pil, la politica del rigore governerà ancora incontrastata anche nei prossimi anni, se non vi sarà una svolta radicale e un deciso mutamento dei Trattati da Maastricht a Lisbona, anche quest'ultimo ormai superato attraverso la svolta per rafforzare la convergenza delle politiche economiche. In questa direzione vanno il "six pack", del dicembre 2011, il successivo "two pack" e la loro codificazione, voluta dalla Merkel, nel Trattato internazionale sulla stabilità, il coordinamento e la governance (TSCG) dell'Unione economica e monetaria, meglio conosciuto come *Fiscal compact*. Questo richiede che ogni anno i paesi con un elevato debito sovrano lo riducano di 1/20 della differenza tra il debito stesso rispetto al Pil e la soglia del 60% stabilita dal Trattato di Maastricht[2]. Se è vero che una volta raggiunto il saldo primario necessario, basta mantenerlo immutato per continuare a soddisfare il requisito della riduzione del debito, è pur vero che la mancanza o un lenta crescita del Pil impone non pochi sacrifici all'inizio del processo. Eppure, nonostante il ripensamento dello stesso Fmi

1 J. Sapir, *Bisogna uscire dall'euro?*, cit., p. 11.

2 V. Dastoli, *Verso le elezioni europee: per uscire dalla crisi serve più democrazia sovranazionale*, in "Economia Italiana, 2013, n. 3, pp. 8-85. Sul *Fiscal compact* confronta, a livello politico, A. Barbera, S. Feltri, *La lunga notte dell'euro. Chi comanda davvero in Europa*, Rizzoli, Milano 2014, pp. 108-112. Per una corretta interpretazione economica, L. Bini Smaghi, *33 false verità sull'Europa*, il Mulino, Bologna 2014, pp. 131-134.

e dei risultati di non poche ricerche che hanno rilevato i limiti, se non la fantasia, che hanno ispirato questi parametri, essi ancora oggi sono presi a riferimento del "buon governo" dell'economia dei diversi Stati dell'Unione monetaria europea, in nome del paradigma dell'austerità costruttiva. In merito, è stato rilevato che essa «è illogica, anzitutto e soprattutto perché, minando la domanda interna, finisce per minare uno dei principi fondanti dell'Unione monetaria: che un vasto mercato possa controbilanciare gli shock esterni».

L'analisi dei dati 2009-2013 mostra una chiara correlazione diretta tra aumento cumulato del rapporto deficit/Pil e crescita in 12 paesi su 18 dell'Unione; contro una media del 25% dell'eurozona, l'Italia si mantiene intorno al 20%, rispetto al 30% della Francia e fino al 100% della Grecia. L'Irlanda, dove si prevede una crescita del 2% del Pil e l'onere per gli interessi per sostenere il debito sui mercati internazionali è inferiore al nostro, si aggira sull'80%.

È interessante notare che nel 2009-2010 14 paesi su 17 – compresa la Germania ed esclusa la Lettonia che non era ancora entrata nell'Unione monetaria europea – hanno superato il limite del 3% rispetto al Pil, e nel 2012, sono stati 11 su 17[3]. All'atto della firma del Trattato di Maastricht nel 1992, erano solo 4 su 12, come abbiamo già notato. Di fatto, l'Europa stessa è la dimostrazione che gli strumenti messi in campo per gli aggiustamenti da shock esterni nulla hanno potuto contro la crisi, e ancor meno quei paesi, quali il nostro, che, nel vincolo esterno rappresentato dall'adesione alla moneta unica, vedevano la soluzione – e non certo il peggioramento – di problemi di carattere strutturale delle loro economie.

L'ingresso nell'euro da parte dell'Italia, infatti, è stato più volte attribuito all'obbligo che ne derivava di attenersi al "vincolo esterno" per i vantaggi che ne avrebbe ottenuto. Ciò avrebbe permesso di evitare le *droghe* sulle quali si reggeva la sostenibilità della nostra economia: la svalutazione della lira, la conseguente inflazione e perciò la riduzione del potere d'acquisto, l'elevato debito pubblico causato dai deficit

3 V. Lops, *L'Ue bacchetta la Francia sul deficit/Pil. Ma chi rispetta questo parametro? Dal 2009 quasi nessuno mentre l'Italia è stata tra i virtuosi*, in "Il Sole-24 Ore", 16 aprile 2014.

al netto della spesa per gli interessi[4]. Avrebbe permesso, inoltre, la accentuata riduzione di questi ultimi, che si sarebbero adeguati ai livelli degli altri paesi dell'Unione, ed avrebbe spinto la politica ad attuare le riforme necessarie alla modernizzazione dell'Italia, aumentandone la competitività.

Anzitutto, è necessario sottolineare che non sempre le riforme corrispondono al requisito dell'efficienza e realizzano gli obiettivi che si prefiggono, come è accaduto con la riforma delle pensioni del ministro Fornero durante il governo Monti, e, soprattutto, perché esse richiedono tempi lunghi per la loro piena operatività, lasciando aperti i problemi di breve e medio periodo che rischiano di aggravare le condizioni dell'economia e di renderne vani, o comunque di attenuarne, gli esiti. Inoltre, i frequenti richiami alle cosiddette "riforme strutturali" – pedissequamente e ossessivamente volute, talvolta come alibi, dal mainstream – «risultano controproducenti laddove, anziché caratterizzarsi per misure tese effettivamente a contrastare gli sprechi e i privilegi di pochi, si traducono in ulteriori proposte di ridimensionamento dei diritti sociali e del lavoro»[5].

Nel 2013, il maggior calo di occupazione si è avuto nella classe di età 15-35 anni rispetto alle classi più anziane, proprio come conseguenza della riforma Fornero, che ha protratto di alcuni anni il pensionamento ritardando l'ingresso dei giovani nel mondo del lavoro e aumentando il numero degli occupati in età tra i 50 e i 67 anni. Di converso, mentre la suddetta riforma ha avuto il plauso dall'Unione europea, e dalla Merkel in particolare, la Germania ha riportato l'età pensionabile da 67 a 64 anni. Invece di redistribuire l'occupazione «con diverse modalità e flessibilità, la scelta di prolungare l'età lavorativa è stata quella più contraddittoria ed errata»[6].

4 Sull'argomento e sulle riforme realizzate da paesi interni ed esterni all'Unione monetaria europea, L. Paolazzi, M. Sylos Labini (a cura di), *L'Italia al bivio. Riforme o declino: la lezione dei paesi di successo*, Luiss University Press, Roma 2013, pp. 13 ss.

5. *Lettera degli economisti*, in "Economia e Politica. Rivista online di critica della politica economica", 15 giugno 2010.

6. F. Pelos, *Lavoro, PIL e rinnovi contrattuali: gli ultimi dati ISTAT*, in "Newsletter Nuovi Lavori", n. 130, 8-2014.

Relativamente al tasso d'interesse sui titoli del debito pubblico, è noto che, per il rispetto delle regole del Trattato di Maastricht e per raggiungere l'obiettivo della convergenza verso la moneta unica, l'Italia si adeguò ai mercati internazionali attraverso la sua diminuzione, la riduzione dell'inflazione, nonché del livello del disavanzo corrente. È importante ricordare, però, che la scelta di tassi d'interesse elevati per la collocazione del suo debito sovrano non era stata una necessità, ma una deliberata decisione di politica economica.

Alla fine degli anni '80, alle soglie della nostra adesione al Trattato di Maastricht, i saldi della bilancia commerciale andavano sempre più deteriorandosi e la Banca d'Italia decise, con un cambiamento di rotta a 360 gradi, di compensarne i deficit con l'importazione di capitali. A tal fine, si elevarono i tassi d'interesse al di sopra di quelli praticati negli altri mercati finanziari aprendo le porte alla speculazione internazionale, certa di non rischiare su eventuali ed eccessivi mutamenti del cambio della lira, perché l'Italia era vincolata alla banda di oscillazione dello Sme. Le conseguenze furono un forte incremento del debito pubblico, effetti depressivi sugli investimenti produttivi a favore della rendita e a svantaggio dell'innovazione del sistema industriale – verso il quale furono necessari interventi che peggiorarono ancor più il debito sovrano – e un crescente indebitamento verso l'estero. Quest'ultimo, inesistente all'atto del nostro ingresso nello Sme, raggiunse il 15% del Pil tra il 1990 e il 1993. Tutto questo giocò a favore dell'adozione di un vincolo esterno, come rilevato, rappresentato dalla nostra adesione alle condizioni imposte dalla futura Unione monetaria, ma fu anche un modo per riparare all'errore commesso nel mutamento della nostra politica monetaria che aveva permesso la formazione di rendite finanziarie a grandi gruppi aziendali, a istituti di credito e a speculatori stranieri che «protetti fino al 1992 dalla politica di stabilità dei cambi, poterono [...] assicurarsi tassi del 10-15 per cento, del tutto sconosciuti in altri paesi europei [...] senza correre alcun rischio di cambio»[7].

Se è vero che era utile sottoporci a un vincolo esterno per avvantaggiarci della riduzione dei tassi d'interesse, è pur vero che tale vincolo era un modo da parte della classe politica di riparare agli errori com-

7. A. Graziani, *Lo sviluppo*, cit., pp. 154 e 147.

messi attraverso, anche, la discutibile politica economica adottata. Non a caso, la liberalizzazione del movimento dei capitali prevista dall'Atto unico europeo e ad essa funzionale, fu anticipata in Italia al 1990, rispetto agli altri paesi europei, e la politica valutaria fu considerata come lo strumento più efficace di politica industriale[8].

MONETA UNICA E COMPETITIVITÀ

Il rapporto tra l'introduzione della moneta unica e il livello di competitività del sistema industiale italiano è un tema che merita attenzione, soprattutto alla luce delle politiche del cambio adottate nel nostro paese sin dalla sua adesione agli accordi di Bretton Woods.

Nel marzo del 1947, l'Italia fu ammessa al Fondo monetario internazionale e Guido Carli fu nominato direttore esecutivo in rappresentanza del nostro paese. Carli, con l'appoggio esterno di Einaudi e di Del Vecchio, all'epoca ministro del Tesoro, si batté con successo per l'applicazione di cambi multipli della lira, sistema che permetteva di svalutare verso le nazioni dove esportavamo e di rivalutare nei confronti di quelle dove importavamo. Questa linea di politica monetaria, accompagnata a una crescita accelerata del Pil, grazie alla ricostruzione e al miracolo economico, e seguita fino al 1960, quando l'Italia fu costretta dal Fondo a dichiarare in via definitiva la parità col dollaro, ci permise di vincere l'Oscar della lira, quale moneta più stabile, per due volte, nel 1960 e nel 1964.

Questo sistema venne riproposto nel 1973, all'indomani della inconvertibilità della valuta statunitense (1971) e dell'adozione di cambi flessibili, che segnarono la fine degli accordi di Bretton Woods nel vecchio continente e che attenuarono, non di poco, il ciclo economico negativo dovuto alla crisi petrolifera e alla stagflazione. La lira, come valuta fluttuante, fu sottoposta a una svalutazione differenziata: maggiore verso il marco, essendo le nostre esportazioni prevalentemente dirette al mercato tedesco; minore, o addirittura rivalutandola, verso il dollaro, moneta con cui pagavamo le nostre importazioni di energia e materie prime.

La politica dei cambi differenziati dovette essere abbandonata col nostro ingresso, nel 1979, nel Sistema monetario europeo, giudicato da

8. Ivi, p. 143.

Paolo Baffi, allora governatore della Banca d'Italia, inadeguato per la nostra moneta, avvantaggiata proprio da quelle svalutazioni che quel regime monetario costringeva, invece, a una fascia di oscillazione limitata. Gli accadimenti dal 1992 al 1996, anni in cui fummo costretti a uscire dallo Sme dopo che la lira fu colpita dalla speculazione internazionale, gli diedero ragione.

Con la riunificazione, la Germania subì un aumento della domanda interna e un conseguente disavanzo commerciale, che non le permetteva più di esportare capitali, di cui, invece, divenne importatrice; specie di quelli a medio termine, costringendo altri paesi ad innalzare i relativi tassi d'interesse per continuare ad attrarli. L'Italia fu costretta ad innalzarli fino al 15%, livello che attrasse la speculazione internazionale con le ben note conseguenze che causarono la crisi del 1992. Il nostro paese, in quegli anni, subì una maggiore svalutazione della lira, ma molte altre nazioni furono costrette a svalutare, e alcune pur non facendo parte dello Sme, tanto che la banda di oscillazione fu portata, dall'iniziale 2,75% – per Italia, Spagna e Inghilterra era del 6% – al 15%. Una delle cause della maggiore svalutazione della nostra moneta fu che essa, dalla seconda metà del 1993, fu agganciata al dollaro, che si stava deprezzando rispetto al marco[9].

Ebbene, a parte il recupero di competitività che ne conseguì, non pochi studiosi sostennero che, dal 1980 all'inizio degli anni '90, il sistema industriale italiano aveva realizzato un valido processo di ristrutturazione, in grado di sostenere la concorrenza internazionale[10]. Conclusioni a cui erano giunti anche due rapporti della Comunità economica europea, che sottolineavano il "successo" del nostro paese negli scambi internazionali e la "solidità" della sua struttura produttiva[11].

Eravamo alla vigilia dell'entrata in vigore del Trattato di Maastricht, 1° novembre del 1993, e dell'attuazione di quelle politiche recessive imposte dai vincoli europei per adottare la moneta unica e che

9. Ivi, pp. 146-152.

10. S. De Nardis, S. Micossi, *Disinflation and Re-Inflation in Italy and the Implications for Transition to Monetary Union*, in "Quarterly Review", n. 177, 1991; S. Micossi, I. Visco (a cura di), *Inflazione, concorrenza, sviluppo. L'economia italiana e la sfida dell'integrazione europea*, il Mulino, Bologna 1993.

11. Cee, *Mercato unico europeo, competizione nei settori industriali, specializzazioni nazionali*, Bruxelles 1991; Id., *Crescita, competitività, occupazione*, Bruxelles 1993.

saranno indicate come la principale causa, in quella che sarà l'eurozona, dell'incremento del tasso di disoccupazione nel *Manifesto* sottoscritto da alcuni premi Nobel e già ricordato. Con l'euro e la perdita da parte dei singoli governi della sovranità monetaria, della politica del cambio e della facoltà di ricorrere a svalutazioni, i paesi in crisi – e le loro imprese – per aumentare il livello di competitività devono ridurre il costo del lavoro e/o investire in innovazione, possibilità, quest'ultima, non praticabile a causa delle politiche del rigore e del rispetto dei parametri di Maastricht, che non permettono la necessaria accumulazione di risorse.

Le imprese italiane, in particolare, subiscono un tasso d'inflazione più basso rispetto alla media europea ed un elevato valore dell'euro che ha annullato anche i vantaggi ottenuti dalla riduzione dello spread. Inoltre, ancora insufficienti sono i provvedimenti del governo per la riduzione del cuneo fiscale, tra i più alti d'Europa al pari del *Total tax rate* e di un livello di tassazione asimmetrico rispetto alla dimensione d'impresa Questi, e tutti gli altri vincoli che da anni soffocano il nostro sistema industriale e che Guido Carli definiva lacci e lacciuoli, trovano oggi drammatica esemplificazione nel tasso di disoccupazione totale, e giovanile in particolare.

Quanto sopra non significa che il basso livello di produttività del nostro paese non abbia cause endogene meno recenti: bassi investimenti in *Innovation and Communication Technology*, anche a causa del nostro sistema industriale caratterizzato da piccole e medie imprese[12]; spesa in ricerca e sviluppo in rapporto al Pil di circa la metà di quella europea (Figura 4); mercato del lavoro dualistico, perché composto da una maggioranza di lavoratori fortemente protetti, che implicano un elevato costo lordo dei salari rispetto ai lavoratori precari, che permettono oneri di licenziamento, di sicurezza sociale e salari inferiori; la conseguente preferenza delle aziende, che tendono ad occupare soggetti non tutelati, in ragione dei benefici economici, ma di minore formazione come capitale umano, e l'elenco potrebbe continuare, ma è ormai ben noto. Non bisogna dimenticare, però, il contesto in cui ciò accade.

12. L. Zingales, *Europa o no. Sogno da realizzare o incubo da cui uscire*, Rizzoli, Milano 2014, pp. 84-88.

Figura 4 – Spesa in R&S (in % del Pil)

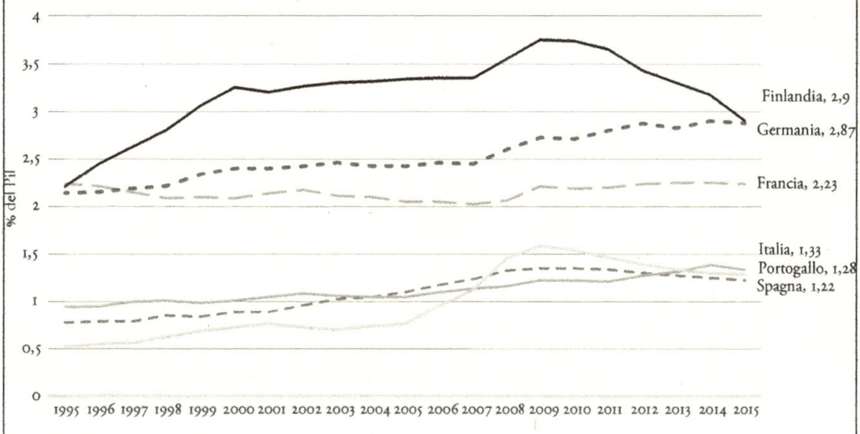

Fonte: Eurostat.

Un interessante rapporto sul livello di produttività tra Stati Uniti ed Unione europea, a partire dal 1995, ha messo in evidenza che il ritardo di quest'ultima è stato causato non solo dai minori investimenti in *Innovation and Communication Technology*, il cui output dipende, comunque, anche dalla diversa efficacia dell'innovazione di processo e di prodotto in cui essa è incorporata, ma soprattutto dalla particolare struttura dell'Europa, che impedisce l'adozione di strumenti di *policy*, quali politica industriale e dei tassi di cambio, e limita l'uso di strumenti tradizionali di politica economica. «Che la struttura delle istituzioni europee presenti difetti importanti sta diventando sempre più evidente nel contesto della crisi del debito sovrano. La conseguenza del Patto di bilancio sulla crescita, per esempio, non può essere che negativa, giacché aggrava la contrazione del settore privato e limita la capacità d'investimento degli Stati [...] che promuove (proprio) la crescita della produttività. L'investimento pubblico e la costruzione di infrastrutture, inoltre, fanno progredire la produttività anche del settore privato, invertendo il trend osservato negli ultimi due decenni, specialmente nelle economie avanzate. Com'è possibile, però, rendere questo fenomeno compatibile con gli altrettanto inevitabili limiti al bilancio?» Attraverso l'ulteriore aumento della tassazione, la forte riduzione della spesa «e/o un accordo per la "regola aurea" della finanza pubblica, che consenta il finanziamento degli investimenti tramite l'indebitamento»[13].

Se l'euro, dunque, non è la causa della riduzione della produttività – almeno in parte – le regole che ne hanno determinato l'introduzione certamente lo sono.

Il rapporto del 2013 della Commissione europea sulla competitività delle 262 regioni che compongono la Ue ha declassato la Lombardia, rispetto al precedente rapporto del 2010, dal 98° al 128° posto, seguita da altre nove regioni Centro-settentrionali fino al 173°. Il Mezzogiorno, dalla Campania alla Sicilia, va dal 217° al 135° posto, superato da Madeira e Martinica. Ancora una volta, però, è necessario chiedersi come siano elaborate queste statistiche e quale sia il danno, anche d'immagine, che l'Italia subisce. La Lombardia, ad esempio, ha un Pil pro capite a parità di potere d'acquisto come quello di alcuni ricchi Länder tedeschi "indubbiamente competitivi" e, secondo l'Istituto nazionale per il Commercio estero, è la quarta regione in Europa per commercio estero. «La ragione è semplice – scrive Marco Fortis – il concetto di competitività negli ultimi anni si è viepiù bistrattato fino a venire completamente snaturato», con l'introduzione di indici riguardanti anche la sanità, il benessere, nonché il deficit, il debito pubblico e lo spread. «Purtroppo la distanza tra certe statistiche e l'economia reale si amplia sempre di più, al di là di ogni ragionevole buonsenso»[14].

È significativo che, per stessa ammissione della Commissione, il rapporto del 2013 non sia comparabile con quello del 2010 per la diversa metodologia statistica, metodologia che non aiuta certo l'Italia anche nel giudizio delle agenzie di rating, ormai diventate distorsive e non più interpretative del mercato.

13. LIGEP-Luiss International Group on Economic Policy, *Beyond the Short Term*, executive summary, 2013, p. 7.

14. M. Fortis, *La Lombardia batte la Ue. Nella classifica perde terreno, ma come sono redatte le graduatorie?*, in "Il Sole-24 Ore", 28 agosto 2013.

La crisi che ha colpito l'Europa negli ultimi otto anni ha causato il passaggio della speculazione dal corso dei cambi ai tassi d'interesse sui titoli del debito pubblico dei diversi Stati. In termini diversi, dalla moneta, quale elemento rappresentativo delle condizioni dell'economia di una nazione, alla fiducia che i mercati hanno nei titoli del suo debito sovrano, debito emesso in una moneta sovranazionale su cui i singoli governi non hanno più il potere di esercitare la sovranità monetaria. In questo contesto, è opportuno formulare proposte di medio e breve periodo.

Nel medio periodo:

1) Cambiare i Trattati costitutivi della Ume in funzione di una mutualizzazione dei debiti pubblici dei diversi Stati. Le operazioni non convenzionali della Bce, quali le LTRO, le OMT e il QE, sono state necessarie ma non sufficienti. Le prime, infatti, si sono dimostrate poco efficaci, perché le banche hanno utilizzato i capitali presi a prestito a basso costo per lucrare la differenza sugli alti rendimenti dei titoli di Stato periferici. È stata, in tal modo, sacrificata la crescita attraverso la accelerata riduzione di prestiti alle imprese e alle famiglie, che avrebbe permesso nuovi investimenti e una riduzione della deflazione per l'aumento dei consumi. Le seconde, di fatto, riducono al massimo la sovranità economica dei paesi che si sottopongono alla condizionalità della Troika. Lo stesso Fmi, che ne è parte, l'Ocse e il Parlamento europeo hanno criticato le eccessive politiche del rigore applicate. In questo quadro di riferimento, va ridiscusso il *Fiscal compact*, perché ipotizzato contrario alle regole dei Trattati e perché i relativi oneri finanziari che comporta, nello spazio di 20 anni, potrebbero non essere compatibili con la sostenibilità delle finanze pubbliche. Le operazioni di QE sono concepite tenendo conto del limite statutario della Bce di non poter agire come prestatore di ultima istanza. In tal modo, la Bce deve necessariamente affidarsi al meccanismo di trasmissione monetaria attraverso un ipotetico sistema finanziario e bancario efficiente, correndo il rischio – come di fatto è avvenuto – di attivare il "paradosso della trappola della liquidità" di keynesiana memoria.

2) Riscrivere il Patto di stabilità e crescita, elaborato su *teorie non strutturate ma solo su ipotesi* e su discutibili osservazioni empiriche. Il rapporto deficit/Pil al 3%, prima dell'introduzione della moneta unica, era attribuito al valore della cosiddetta *Golden rule of public finance*, che prevedeva che esso non dovesse superare la spesa di investimento che si aggirava in numerosi paesi intorno a tale percentuale, o ispirato al valore di riferimento dell'ex Repubblica federale tedesca o, ancora, alla soglia fissata per finanziare in deficit un livello di debito pubblico del 60% del Pil, a un tasso di interesse del 5%. Questo ultimo paradigma, però, implica il pareggio di bilancio al netto degli interessi e perciò è in contrasto con gli obiettivi di medio termine dello stesso Patto di stabilità e crescita. Relativamente al rapporto debito/Pil, è stato rilevato che non esiste un effetto soglia, un limite, cioè, quantificabile nel 60%; che le conseguenze variano a seconda dei paesi e che non vi è un nesso causale diretto tra debito e crescita. Questo non giustifica livelli elevati di deficit e debito che drenano le risorse utilizzabili per le riforme verso la spesa corrente, ma esse devono essere impiegate in investimenti produttivi, in particolare per un programma di agevolazione e sviluppo del sistema-impresa, alla luce del processo di desertificazione industriale iniziato dal 2008. Una più decisa riduzione del cuneo fiscale, del *Total tax rate*, del costo dell'energia e maggiori incentivi all'internazionalizzazione nell'ambito di un organico piano di politica industriale sono ormai improcrastinabili per recuperare, almeno in parte, adeguati livelli di competitività.

3) Modificare lo Statuto della Bce perché diventi *prestatore di ultima istanza* e acquisti direttamente in asta i titoli per il governo della liquidità dell'eurozona, al pari delle altre banche centrali dei restanti paesi del mondo. Questo consentirebbe di regolare la liquidità in funzione dei livelli di occupazione e di crescita. La non *bail out clause*, sancita dagli articoli 123 e 125 del Trattato di Maastricht, vieta alla Bce, e ad ogni altro organismo dell'Unione, il salvataggio di debiti sovrani attraverso finanziamenti ai singoli paesi – con l'acquisto di titoli sul mercato primario da parte della Bce – e trasferimenti, allo stesso fine, tra gli Stati. A questi, però, è demandata la politica fiscale. È importante sottolineare che la separazione tra politica monetaria centralizzata e fiscalità delegata ai singoli partner dell'Unione crea differenziali non trascurabili sui livelli di competitività, a causa dell'incidenza della pressione fiscale sia diretta che

indiretta sulle imprese e sulle famiglie, con l'effetto di ridurne i consumi e aumentare la deflazione; ma, soprattutto, inficia il principio di libera concorrenza che è alla base della costruzione europea. Il divieto di acquisto di titoli in asta da parte della Bce, inoltre, si presenta come un vincolo che aggrava l'economia dell'Unione rispetto alle altre aree del mondo, che possono usare politiche monetarie tradizionali.

Nel breve periodo:

1) Almeno fino a quando la ripresa non realizzerà una maggiore convergenza all'interno della Ume, la Bce deve dare una necessaria *flessibilità programmata al cambio dell'euro*, sia all'interno dell'Unione, per consentire ai paesi più deboli di ricorrere a svalutazioni competitive in un ventaglio di oscillazione concordato con gli altri partner, come avveniva nell'ambito dello Sme, sia all'esterno. È significativo che in Italia, e non solo, il vantaggio derivante dalla caduta dello spread di 100 punti nel 2013, lo 0,1% del Pil, sia stato annullato dall'elevato cambio dell'euro, che è costato lo 0,4% del Pil.

2) Comminare *sanzioni*, e non soltanto osservare e monitorare, alle nazioni che registrano un eccesso di surplus delle partite correnti della bilancia dei pagamenti rispetto al Pil come accade per la Germania, che provoca un deficit di altri partner della Ume. La sanzione, prevista dal "six pack" del 2011 fino al deposito dell'1% del Pil, e mai applicata, potrebbe essere commisurata a una quota del valore eccedente la media del 6% nell'ultimo triennio, similmente al deposito infruttifero dovuto dai paesi sottoposti a procedura di deficit eccessivo, come è accaduto per l'Italia; ma non per Germania e Francia quando superarono il 3% del rapporto deficit/Pil agli inizi degli anni 2000. La sanzione pecuniaria, simbolica sotto il profilo quantitativo, ma rappresentativa della asimmetria esistente, potrebbe essere versata al fondo del Meccanismo europeo di stabilità, se il surplus permanesse per più trienni.

Proposte ambiziose e non facilmente percorribili, ma necessarie per riscoprire i valori dell'Europa troppo spesso offuscati da regole e Trattati ormai obsoleti.

Bibliografia

AA.VV., *Growth and Financial Stability in Italy*, "Review of Economic Conditions in Italy", 2012/1.

AA.VV., *Manifesto degli economisti sgomenti. Capire e superare la crisi*, Minimum Fax, Roma 2012.

A. Alesina, F. Giavazzi, *Goodbye Europa. Cronache di un declino economico e politico*, Rizzoli, Milano 2006.

B. Amoroso, *Euro in bilico. Lo spettro del fallimento e gli inganni della finanza globale*, Castelvecchi, Roma 2011.

B. Amoroso, *Figli di Troika. Gli artefici della crisi economica*, Castelvecchi, Roma 2013.

M. Arcelli, *La vocazione internazionale dell'economia*, in *Il problema del nazionalismo*, "Quaderni dell'Istituto Accademico di Roma", Japadre, Roma 1992, pp. 53-65.

A. Bagnai, *Il tramonto dell'euro. Come e perché la fine della moneta unica salverebbe democrazia e benessere in Europa*, Imprimatur, Reggio Emilia 2012.

A. Barbera, S. Feltri, *La lunga notte dell'euro. Chi comanda davvero in Europa*, Rizzoli, Milano 2014.

R. Basile, S. De Nardis, A. Girardi, *Dinamiche di sviluppo nel centro e nella periferia d'Europa: il ruolo delle politiche strutturali*, in "Rivista di politica economica", vol. 93, n. 4, 2003, pp. 89-134.

C. Bastasin, *Tra Atene e Berlino*, Edizioni Il Sole-24 Ore, Milano 2012.

M. Battisti, G. Di Vaio, *A spatially filtered mixture of ß-convergence regressions for EU regions, 1980-2002*, in "Empirical Economics", vol. 34, n. 1, 2008, pp. 105-121.

U. Beck, *Europa tedesca. La nuova geografia del potere*, Laterza, Roma-Bari 2013.

L. Bini Smaghi, *Morire di austerità. Democrazie europee con le spalle al muro*, il Mulino, Bologna 2013.

L. Bini Smaghi, *33 false verità sull'Europa*, il Mulino, Bologna 2014.

A. von Bogdandy, *I principi fondamentali dell'Unione europea. Un contributo allo sviluppo del costituzionalismo europeo*, Editoriale Scientifica, Napoli 2011.

A. Boitani, *Sette luoghi comuni sull'economia*, Laterza, Roma-Bari 2017.

S. Bolgherini, F. Grotz (a cura di), *La Germania di Angela Merkel*, il Mulino, Bologna 2010.

M. T. Borsi, N. Metiu, *The evolution of economic convergence in the European Union*, Deutsche Bundesbank, Discussion paper n. 28, 2013, pp. 1-24.

A. Brandolini, P. Cipollone, E. Viviano, *Does the ILO definition capture all unemployment?*, Banca d'Italia, Temi di discussione n. 529, dicembre 2004.

I. Bufacchi, *Una tantum, Italia seconda nella Ue*, in "Il Sole-24 Ore", 30 marzo 2002.

F. Busato, *Il Patto di stabilità e crescita: proposte di riforma o riforme strutturali?*, Seminari per l'Europa, Luiss Guido Carli, Facoltà di Economia, Istituto Luigi Sturzo, Roma s.d., pp. 5-40.

L. Campiglio, *La crescita europea ed il futuro dell'Euro: rischi e strategie*, in F. Timpano, F. Arcelli (a cura di), *Atti della ottava "Lezione Mario Arcelli"*, Rubbettino, Soveria Mannelli 2012, pp. 37-45.

L. Caracciolo, *Italia kaputt mundi*, in "Limes", n. 6 (*La guerra dell'euro*), 2011, pp. 17-19.

M. Cattaneo, G. Zibordi, *La soluzione per l'euro. 200 miliardi per rimettere in moto l'economia italiana*, Hoepli, Milano 2014.

P. Cecchini, *La nuova Europa dopo il 1992*, Sperling & Kupfer, Milano 1990.

P. Cecchini, *La sfida del 1992. Una grande scommessa per l'Europa*, Sperling & Kupfer, Milano 1988.

M. Centorrino, F. Ofria, D. Farinella, *Processi di convergenza e di divergenza tra Mezzogiorno e Centro-Nord a dieci anni dall'adozione dell'UME*, in "Rivista economica del Mezzogiorno", n. 3, 2010.

Centre d'analyse stratégique, *European economic convergence: Twenty years later*, Working Paper series, 2012-03, pp. 5-34.

I. Cipolletta, *"In Italia paghiamo troppe tasse" (Falso!)*, Laterza, Roma-Bari 2014.

Comunità Economica Europea, *Mercato unico europeo, competizione nei settori industriali, specializzazioni nazionali*, Bruxelles 1991.

Comunità Economica Europea, *Crescita, competitività, occupazione*, Bruxelles 1993.

Confindustria, Istituto per la Promozione Industriale, Comitato Mezzogiorno, *Check-up Mezzogiorno*, ottobre 2007.

M. Coricelli, *A Madrid inflazione sotto controllo*, in "Il Sole-24 Ore", 25 gennaio 2004, n. 24, p. 11.

E. Dal Bosco, *Perché la Germania va meglio degli altri paesi UE*, in "Economia italiana", numero speciale, 2011, pp. 81-94.

S. Dall'Erba, J. Le Gallo, *Regional convergence and the impact of European structural funds over 1989-1999: a spatial econometric analysis*, in "Papers in Regional Science", vol. 87, n. 2, 2008, pp. 219-244.

V. Dastoli, *Verso le elezioni europee: per uscire dalla crisi serve più democrazia sovranazionale*, in "Economia Italiana", n. 3, 2013, pp. 8-85.

M. Decaro (a cura di), *Dalla Strategia di Lisbona a Europa 2020*, Collana Intangibili, Fondazione Adriano Olivetti, 2001.

M. De Cecco, *Ma cos'è questa crisi. L'Italia, l'Europa e la seconda globalizzazione (2007-2013)*, Donzelli, Roma 2013.

M. De Cecco, F. Maronta, *Berlino, Roma e i dolori del giovane euro*, in "Limes", n. 4 (*L'Italia di nessuno*), 2013, pp. 27-28.

S. De Nardis, S. Micossi, *Disinflation and Re-Inflation in Italy and the Implications for Transition to Monetary Union*, in "Quarterly Review", n. 177, 1991.

G. Di Gaspare, *Teoria e critica della globalizzazione finanziaria. Dinamiche del potere finanziario e crisi sistemiche*, Cedam, Padova 2011.

Direzione generale del Tesoro e uffici tecnici della Banca d'Italia, *Rapporto sulla convergenza dell'Italia verso l'UEM*, in "Vita Italiana", a. XLVIII, n. 2-3, 1998, pp. 7-45.

G. Di Taranto, *Eurosciatterie*, in "Il Foglio", 18 agosto 2012.

G. Di Taranto, *La globalizzazione diacronica*, Giappichelli, Torino 2013.

G. Di Taranto, *Le basi problematiche della moneta unica*, in "Aspenia", n. 26, 2012, pp. 176-179.

G. Di Taranto, *Le euro élite scioglierebbero il popolo per eleggerne un altro*, in "Il Foglio", 22 gennaio 2013.

G. Di Taranto, *L'Europa tradita. Dall'economia di mercato all'economia del profitto*, in F. Capriglione (a cura di), *La nuova disciplina della società europea*, Cedam, Padova 2008, pp. 21-63.

G. Di Taranto (a cura di), *Lezioni dalla crisi*, Luiss University Press, Roma 2012.

G. Di Taranto, *Ma l'austerità nella Carta può frenare la crescita*, in "Il Sole-24 Ore", 14 settembre 2011.

G Di Taranto, *Ragioni liberali per criticare certi eccessi dell'austerity*, in "Il Foglio", 16 novembre 2012.

G. Di Taranto, *The Internationalization Process in Southern Italy*, in "Review of Economic Conditions in Italy", 2011/2-3, pp. 495-517.

G. Di Taranto, *William Stanley Jevons*, Luiss University Press, Roma 2008.

S. Ederveen, H. F. L. de Groot, R. Nahuis, *Fertile Soil for Structural Funds? A Panel Data Analysis of the Conditional Effectiveness of European Cohesion Policy*, in "Kyklos", vol. 59, n. 1, 2006.

F. Fauri, *L'integrazione economica europea, 1947-2006*, il Mulino, Bologna 2006.

A. Fineschi, *L'Europa dei "mercanti" e l'Europa dei politici*, in "Studi e Note di Economia", n. 1, 2004.

J.-P. Fitoussi, *Il teorema del lampione o come mettere fine alla sofferenza sociale*, Einaudi, Torino 2013.

M. Fortis, *Imprese d'Italia*, Il Sole-24 Ore, Milano 2012

M. Fortis, *La Lombardia batte la Ue. Nella classifica perde terreno, ma come sono redatte le graduatorie?*, in "Il Sole-24 Ore", 28 agosto 2013

P. Foschi, *Finanza creativa, un conto da 70 miliardi*, in "Corriere Economia", 27 giugno 2005.

A. Friedman, *Ammazziamo il gattopardo*, Rizzoli, Milano 2014.

L. Gallino, *Il colpo di stato di banche e governi. L'attacco alla democrazia in Europa*, Einaudi, Torino 2013.

L. Gallino, *Come (e perché) uscire dall'euro, ma non dall'Unione europea*, Laterza, Roma-Bari 2016.

M. Galluzzo, *Retorica del declino o rischi? Lite sull'Istat*, in "Corriere della Sera", 19 maggio, 2004, p. 10.

A. Geroni, *Berlino. Aumenti solo all'inizio*, in "Il Sole-24 Ore", 25 gennaio 2004, n. 24, p. 11.

M. Giordano, *Non vale una lira. Euro, sprechi, follie: così l'Europa ci affama*, Mondadori, Milano 2014.

S. Goulard, M. Monti, *La democrazia in Europa. Guardare lontano*, Rizzoli, Milano 2012.

A. Graziani, *Lo sviluppo dell'economia italiana. Dalla ricostruzione alla moneta unica europea*, Bollati Boringhieri, Torino 2001.

G. Guarino, *Verso l'Europa ovvero la fine della politica*, Mondadori, Milano 1997.

G. Guarino, *Eurosistema. Analisi e prospettive*, Giuffrè Editore, Milano 2006.

G. Guarino, *Ratificare Lisbona?*, Passigli, Firenze 2008.

G. Guarino, *L'Europa imperfetta. Ue: problemi, analisi, prospettive*, in Id., *Diritto ed economia. L'Italia, l'Europa, il mondo*, in "I Quaderni di economia italiana", n. 8, 2011, pp. 219-274.

G. Guarino, *Cittadini europei e crisi dell'euro*, Editoriale Scientifica, Napoli 2014.

T. Herndon, M. Ash, R. Pollin, *Does High Public Debt Consistently Stifle Economic Growth? A Critique of Reinhart and Rogoff*, PERI Working paper n. 322.

International Monetary Fund, *World Economic and Financial Surveys. Fiscal Monitor*, October 2012.

B. Jossa, *La moneta unica europea. Argomenti pro e contro*, Carocci, Roma 1999.

N. Irti, *Il diritto nell'età della tecnica*, Editoriale Scientifica, Napoli 2006.

N. Irti, *Il salvagente della forma*, Laterza, Roma-Bari 2006.

V. Koen, P. van den Noord, *Fiscal Gimmickry in Europe*, Oecd, Paris 2005.

P. Krugman, *Fuori da questa crisi, adesso!*, Garzanti, Milano 2012.

G. La Malfa, *Europa in pericolo. La crisi dell'euro*, Passigli, Firenze 2012.

P. R. Lane, *Capital Flows in the Euro Area*, European Commission, Economic Paper n. 497, April 2013.

F. R. Lenzi, *Cile e Mercosur. Modelli di sviluppo e di internazionalizzazione*, Edizioni Nuova Cultura, Roma 2009.

A. Lepore, *La Cassa per il Mezzogiorno e la Banca Mondiale: un modello per lo sviluppo economico italiano*, Rubbettino, Soveria Mannelli 2013.

V. Lops, *L'Ue bacchetta la Francia sul deficit/Pil. Ma chi rispetta questo parametro? Dal 2009 quasi nessuno mentre l'Italia è stata tra i virtuosi*, in "Il Sole-24 Ore", 16 aprile 2014.

V. Lops, *Parla l'inventore della formula del 3% sul deficit/ Pil: "Parametro deciso in meno di un'ora, senza basi teoriche"*, in "Il Sole-24 Ore", 29 gennaio 2014.

G. Magnifico, *Euro: squilibri finanziari e spiragli di soluzione*, Luiss University Press, Roma 2008.

G. Magnifico, *L'euro: ragioni e lezioni di un successo sofferto*, Luiss University Press, Roma 2005.

D. Marini, *Pmi: piccole oggi, grandi domani*, in "Il Sole-24 Ore", 19 novembre 2004.

G. Marini, A. Piergallino, P. Scaramozzino, *Euro e dinamica inflazionistica*, in "Economia italiana", n. 1, 2004.

F. Mastrangelo, *Tentativi di unione monetaria in Europa dall'antichità al secolo XIX*, in "Rivista di Storia Finanziaria", n. 6, 2001, pp. 61-77.

S. Micossi, I. Visco (a cura di), *Inflazione, concorrenza, sviluppo. L'economia italiana e la sfida dell'integrazione europea*, il Mulino, Bologna 1993.

F. Modigliani, J.-P. Fitoussi, B. Moro, D. Snower, R. Solow, A. Steinherr, P. Sylos Labini e altri, *Manifesto contro la disoccupazione nell'Unione europea*, in "Moneta e Credito", vol. LI, n. 203, settembre 1998, pp. 375-412.

L. Monti, *L'Europa delle regioni*, Luiss University Press, Roma 2005.

G. Moro con L. Mazzuca, R. Ranucci, *La moneta della discordia*, Cooper, Roma 2011.

Osservatorio Inca Cgil, *Europa 2020: La strategia UE del prossimo decennio*, maggio 2010.

C. Pacione, *Il cammino verso l'Unione monetaria europea: costi e benefici di una integrazione difficile*, in Presidenza del Consiglio dei Ministri, Scuola Superiore della Pubblica Amministrazione, *L'Europa: così vicina, così lontana*, Centro stampa S.S.P.A., Reggio Calabria 1996.

T. Padoa Schioppa, *Europa in pazienza attiva. Malinconia e riscatto del vecchio continente*, Rizzoli, Milano 2006.

U. Panizza, A. F. Presbitero, *Quel nesso da dimostrare tra debito e crescita*, in "lavoce.info", 20 aprile 2013.

N. Pecchio, *Euro: il premier frena, Prodi attacca*, in "Il Sole-24 Ore", 25 gennaio 2004, n. 24, p 11.

L. Paolazzi, M. Sylos Labini (a cura di), *L'Italia al bivio: riforme o declino: la lezione dei paesi di successo*, Luiss University Press, Roma 2013.

P. Pecorari, *La lira debole. L'Italia, l'Unione monetaria latina e il "bimetallismo zoppo"*, Cedam, Padova 1998.

F. Pelos, *Lavoro, PIL e rinnovi contrattuali: gli ultimi dati ISTAT*, in "Newsletter Nuovi Lavori", n. 130, 8-2014.

R. Petrini, Processo agli economisti, Chiarelettere, Milano 2009.

G. Pisauro, *Il risanamento dei conti pubblici*, in "Economia italiana", n. 1, 2012, pp. 37-61.

G. Pisauro, *The consolidation of the Italian economy*, in *Growth and Financial Stability in Italy*, "Review of Economic Conditions in Italy", 2012/1, pp. 31-54.

F. Rampini, *La trappola dell'austerità. Perché l'ideologia del rigore blocca la ripresa*, Laterza, Roma-Bari 2014.

C. Reinhart, K. Rogoff, *Growth in a Time of Debt*, in "American Economic Review", vol. 100, n. 2, 2010, pp. 573-578.

S. Rizzo, *Biggeri, presidente contro tutti. A destra e a sinistra*, in "Corriere della Sera", 19 maggio, 2004, p. 10.

G. Rodano, *La scuola neoclassica nella macroeconomia contemporanea*, in "Rivista Italiana degli Economisti", n. 3, 1997.

G. Rossi, *Il mercato d'azzardo*, Adelphi, Milano 2008.

G. Sapelli, *Dove va il mondo? Per una storia mondiale del presente*, Guerini e associati, Milano 2014.

J. Sapir, *Bisogna uscire dall'euro?*, Ombre corte, Verona 2012.

A. Sapir et al., *Europa, un'agenda per la crescita. Rapporto Sapir*, il Mulino, Bologna 2004.

G. Sarcina, *Soltanto i greci ci battono in povertà*, in "Corriere Economia", 27 giugno 2005.

T. Sarrazin, *L'Europa non ha bisogno dell'euro*, Castelvecchi, Roma 2013.

P. Savona, *Eresie, esorcismi e scelte giuste per uscire dalla crisi. Il caso Italia*, Rubbettino, Soveria Mannelli 2012.

M. Spence, *La convergenza inevitabile. Una via globale per uscire dalla crisi*, Laterza, Roma-Bari 2012.

U. Triulzi, *Dal mercato comune alla moneta unica. Le politiche di integrazione dell'Unione europea*, Edizioni Seam, Roma 1999.

G. Viesti, *Mezzogiorno a tradimento*, Laterza, Roma-Bari 2009.

G. Viesti, F. Prota, *Le politiche regionali dell'Unione Europea*, il Mulino, Bologna 2004.

L. Zingales, *Europa o no. Sogno da realizzare o incubo da cui uscire*, Rizzoli, Milano 2014.